東京：我可愛，雖然不美的家鄉

新井一二三

我生長在東京，自稱爲「東京的女兒」。

曾在海外漂流的日子裡，我很想家鄉東京；每次去卡拉ＯＫ，都要唱多年以前的流行歌曲〈東京搖籃曲〉。可是，唱起來，感覺總是不大對，因爲那首歌描寫的，跟其他關於東京的歌一樣，是外地人眼裡的東京，乃既華麗又冷漠的大都會。他們對這座城市的看法，跟我們土生土長的老東京自然很不同。

幾年前，我回東京，開始在郊區過日子。鄰居當中，多半是外地出身的第一代居民。平時彼此交談，用的是所謂「標準語」，雖說以東京話爲基礎，但始終甩不掉人工的氣味；不容易表達微妙的感情，令人老有隔靴搔癢之感。

於是，走在街上，偶爾聽到地道的東京話，我都感覺特別親切，一定要回頭看話者的臉。人家並不是親朋故友，也至少是老鄉了。

即使在家鄉，我們老東京總被外地人圍繞著生活，因爲東京是國家的首都，是全國人民要「上」來的中心地。說實在，我們自己的祖先都是當初從其他地方搬過來的。幾個老東京談話，大多會說，兩、三代以前是鄉下農民，跑到首都來謀生定居。所以，實際上，我們也不過是老資格移民罷了。

按道理，該有東京原住民。但是，我從來沒見過，至多在谷崎潤一郎、芥川龍之介等老江戶文人的作品裡接觸過。谷崎晚年激烈地憎恨故鄉東京；芥川則中年自殺，以他爲首的「文士藝術家村」在二戰末期的美軍空襲中化爲灰燼了。

東京的變化太大太快，很難想像半世紀以前是甚麼樣子，何況是一世紀以前，或者更久以前的事了。同時，變化之大而快，幫東京產生了豐富的故事。

BSテレビ ビデオ オーディオ 携帯電話 大バーゲン
ビデオ 食器洗い乾燥機 エアコン
オーディオ超特価
ハイビジョン ワイド

我在海外，經常想念東京的本鄉、淺草、早稻田、新宿等地區；因爲個個都做過著名小說或影片的背景，於是一想起一個地方，就自動地引發一連串的聯想：如作者、導演的側影，當時一起鑒賞了作品的朋友，我們互相討論感想的咖啡聽、酒吧，那晚的背景音樂，喝醉了以後映在網膜上的夜景……。

東京無疑是富於色彩，充滿魅力的大都會。這並不是說東京是美麗的世界級城市，事實恰恰相反。東京學先達，老江戶文人永井荷風於一九一四年開始連載的東京散步記《日和下馱》開頭部分，就透露了悲傷的心情：我們的家鄉東京特別可愛，然而不美。

記得大學時候聽過天主教小說家遠藤周作的演講。他說：看上美麗的對象一點也不費勁；愛護醜陋的對象才叫做眞實的愛。

我寫本書收錄的文章，主要想給中文讀者介紹家鄉東京可愛之處，在書寫過程中，我腦海裡常出現了北京、台北、上海等各地老朋友之臉。我眞想要他（她）們喜歡上我家鄉呢。

以上攝影：王瑤琴

本書內容以二十世紀日本文學中出現的東京爲主，並以當下的社會文化現狀爲次。這有幾個原因。首先，第一流的文學作品兼有當地、當時的具體性和適用於普遍人性的眞理；因而爲理解外國文化的最佳途徑。其次，研究任何事情，從歷史著手始終是捷徑，雖然表面上看來常似繞道。最後，本人酷愛文學散步；以採訪爲藉口到處尋訪文人足跡，對我來說是莫大的樂趣。

總共十二篇文章當中，八篇當初爲《中國時報人間副刊》「另一種專業」欄目而寫，其他則出現在《自由副刊》以及《誠品好讀》了。在此感謝各報刊編輯的鼓勵。

接著這本書，我還打算寫從不同的角度去介紹〈我可愛，雖然不美的家鄉〉東京的文章，敬請期待。

攝影：陳建銘

アメリカの実験映画
伊丹万作全集 1
伊丹万作全集 2
伊丹万作全集 3
もうひとつの映画史
八田尚之作品集 1
八田尚之作品集 2
八田尚之作品集 3
ギリシャ悲劇集
エウリピデス篇
3冊揃
モリエール全集
古川ロッパ昭和日記 戦前篇
古川ロッパ昭和日記 戦中篇
古川ロッパ昭和日記 戦後篇
西部劇通覧
エウリピデス
今日の英米演劇
ブレヒト戯曲選集
長谷川伸戯曲集
アサヒグラフ
寛壽郎映画
小津安二郎 東京物語
映像芸術の「技法」を徹底的に解明する
小津安二郎・人と仕事
蛮友社
キネマ旬報
黒沢明
KINEJUN

CONTENTS

掉進時代縫隙

樋口一葉的華麗與蒼涼

二○○四年十一月，日本中央銀行發行的新一套紙幣中，五千圓鈔票上印有明治時代的女作家樋口一葉（一八七二—九六）的頭像。之前，夏目漱石在一千圓鈔票上待了二十年；這回擔保國家財政的榮譽輪到女作家身上並不意外。不過，一葉二十四歲就夭折；紙幣上看到年輕女郎的倩影，還是滿新鮮的一件事情。樋口一葉的名字在日本人人皆知。然而，看過她文章的人，實際上並不多；新紙幣發行，也沒有引起熱潮。這大概有兩個原因。首先，她作品是用擬古文寫的。一八九○年代，明治維新後二十多年，日本文壇上多數人都寫白話文了。例如，比她大五歲的夏目漱石留下的小說大多爲白話作品；現代日本人讀起來不覺得困難。可是，熱中於《源氏物語》等古代文學的一葉，特意用擬古文寫作。結果，在今天的讀者來說不容易消化，導致人們對她的小說敬而遠之。其次，她的代表作品《青梅竹馬》以東京吉原的「遊廓」，即花街柳巷爲背景；女主人翁美登利才十四歲，不久要做個妓女的。一葉的其他小說很多以當年日本婦女在父權下吃的苦頭爲主題，可以說是女性文學的先驅。其文學價值之高，文壇上早在她生前就有定論，但是，教育官員則有不同的看法。他們認爲：婆婆媽媽讀物不好收錄在國文教科書裡給學生看，何況作者受過的正式教育只有五年半而已。於是，跟東京帝大畢業的夏目漱石寫的小說不同，一葉作品從來沒有透過教育管道普及過，因而對大多數日本人而言很陌生。總之，樋口一葉是掉在時代縫隙裡的作家。形式上，華麗的擬古文在她作品和後代的讀者之間造成了鴻溝。觀念上，她卻比別人超前幾十年；在近代日本社會，志願當職業小說家的頭一名女性就是她。

——樋口一葉與吉原花街柳巷——

樋口一葉（本名「奈津」或「夏」，日語都讀成Natsu），一八七二年生

爲東京小吏的次女。從小好讀書，但十一歲被母親強迫退學，之後白天料理家務、做衣服，晚上則抽空自學，因太用功竟害到眼睛。父親可憐女兒，給她找個老師。十四歲，爲了學習和歌、書法、中日古典文學而上的「萩之舍」，乃中島歌子開的私塾，當年有皇族、貴族等上層階級的婦女上千名做弟子。當一葉十五歲、十七歲時候，哥哥和父親陸續去世；她從此做個女戶主，得照顧母親和妹妹生活了。但是，幫人做衣服的工錢不多，想找教書職位卻學歷不夠。本來屬於社會中層的樋口家，很快就淪落到下層去了。「萩之舍」有個女同學寫小說出名，對一葉啓發很大。她想要寫小說賺稿費養家，於是找《東京朝日新聞》的小說記者半井桃水學創作；在他出版的雜誌《武藏野》上發表了第一部小說《闇櫻》。看一葉的日記，她對容貌英俊爲人溫柔的桃水抱有很深的戀情。但是，兩人關係本以做爲文學上的師生開始，一葉又有照顧母親和妹妹的責任，她始終控制了自己的感情。文壇上，關於風流單身漢桃水的閒話也相當多；爲了保護家名，一葉只好跟他斷絕來往了。請一葉寫小說的刊物逐漸多起來，但是以筆維生談何容易。母親經常埋

作品中出現的神社

怨女兒沒出息讓她吃苦；也難怪，家裡往往連一粒米都沒有的。把所有衣服都帶到當舖去了以後，拜訪已故父親的熟人要借錢。可是，人窮多見鬼。她們越窮，越沒有人願意借錢。一葉是自尊心特高的藝術家，絕不想爲了生活而在文學創作上做妥協的。極其困難的情況下，她決定開小店餬口。在東京各地尋遍合適的房子後，最後到下谷區鄰近吉原的龍泉寺町租了長房子中的一間。當時，一葉二十一歲。賣紙、蚊香、肥皀、火柴、橡皮氣球等等的雜貨店，位於花街柳巷後邊。直到深夜一點，會有五百輛人力車經過她小店往吉原去；凌晨三點，就聽到嫖客回家的車聲。雖說同樣在東京市內，跟「萩之舍」的富家閨秀、半井桃水等文人住的本鄉區、小石川區等山手一帶，環境、氣氛都非常不一樣。畢竟，這邊所有居民都靠妓院生存的。

日本文學史「奇蹟的十四個月」

自從江戶時代起，吉原就是城中之城；爲了不讓妓女逃跑，四圍設有水溝，吊橋一上就變成要塞一般。歷史學家、文學專家都說：江戶時代的吉原是從武士到工商界人士，大家聚集的文化沙龍；好多歌舞伎、浮世繪、詩歌、音樂作品都以這裡爲背景，在這裡誕生，在這裡被發表而出名的。妓女分好幾種。最高級一種的修養程度眞了不起，作詩、寫字的水準並不亞於一流文人，彷彿唐朝長安煙花巷的藝妓。她們簡直是大明星。《青梅竹馬》的女主人翁美登利的姐姐就是那樣一種妓女，客人多是各界名流，叫妹妹敬仰不已。再說，吉原也是消費、享樂活動的中心，猶如全年無休的嘉年華。在故事開頭，一葉描繪從舞蹈家到歌手，各種藝人成群過吊橋去吉原的場面；外邊居民只有羨慕之份。然而，名妓女的妹妹美登利口袋裡很有錢，叫女歌手停下來當場唱一首；眾人先都目瞪口呆，後來拍手叫好。不管多麼華麗，吉原之隆盛始終以人口販賣爲基礎，乃跟地獄表裡一體的天堂。對於這一點，一葉比誰都清楚。她住在龍泉寺町時候寫的日記竟題爲「塵之中」。小店生意並不差，但是，樋口家人始終不屬於吉原社區；僅僅九個月以後，就

關掉舖子搬走了。可是，在龍泉寺町過日子的經驗，對一葉創作的影響非常大。中產階級出身的她，曾接觸過富家閨秀。觀察並親身體驗了最低層的生活以後，能夠逼眞寫出各類女性的生活與心理了。搬到本鄉區新家以後，一葉重新開始埋頭寫作；一八九四年十二月發表的《大年夜》引起了相當大的反響。跟著，從第二年到第三年，《青梅竹馬》、《行雲》、《空蟬》、《濁江》、《十三夜》、《岔路》等傑作接踵而來，乃日本文學史上所謂「奇蹟的十四個月」。那一段時間一葉集中發表的小說，彷彿張愛玲的《傳奇》。有天賦才能的年輕女作家，看透了殘忍無情的社會眞相以後，用筆虛構出來的一篇又一篇悲慘不過的人間故事；無論在社會上層、中層，還是下層，當年的日本婦女都過著沒轍的日子。要麼家計緊迫，或者丈夫不專一，婚姻從不保證幸福的生活。但是，一到婚姻制度之外，婦女能維生的地方似乎只有花街柳巷或者更低級的紅燈區了。受到森鷗外等文壇巨頭讚揚的《青梅竹馬》直接反映著作者在龍泉寺町開店時候的所見所聞。吉原名妓女的妹妹美登利（十四歲）、龍華寺住持的兒子藤本信如（十五歲）、放高利貸的孫子田中正

一葉紀念館

太郎（十三歲）、人力車夫的兒子三五郎（十五歲）、消防隊長的兒子長吉（十六歲）等附近兩所學校的同學們，要麼一起玩耍，或者敵對打架，集體過著童年時代最後一段日子。小說以吉原花街柳巷的三次節日爲背景，描繪某一年八月到十一月，一群兒童逐漸進入大人世界的模樣。美登利和信如之間，本來有微微的戀情，但是兩人注定往不同的方向成長。作品中，美登利大喊：「不要，不要，我不要做大人。」因爲做了大人以後，她非得當妓女不可。信如是很純粹的少男，既然生在佛教寺院裡，準備一輩子過超俗的生活。文末，美登利因梳著成年女人的髮型而感到憂鬱；信如則爲了上學往遠處出發。年紀最大的長吉開始到吉原嫖妓；年少的正太郎、三五郎等人的將來，也可以說是既定的。

現代紫式部

《青梅竹馬》最傑出的地方，乃一方面繼承江戶文學的傳統，把花街柳

樋口一葉旧居跡
樋口一葉は明治二十六年七月二十日、本郷菊坂町より下谷竜泉寺三百六十八番地に移り住み、この界隈を背景にして不朽の名作「たけくらべ」や「わかれ道」の題材を得た。この碑の位置は、一葉宅の左隣り酒屋の跡にて、一葉と同番地の西端に近く碑より東方六メートルが旧居に当る。
なお一葉はこのあたりを
「鶏なく聲もきこえて花すすき
まねく野末の夕べさびしさも」
と和歌に詠んでいる。
昭和五十一年十一月二十三日（一葉没後八十年）
台東区教育委員会
台東区立一葉記念館
Ichiyo Memorial Hall
この先2つ目の角を左折

一葉舊居説明牌

巷的花稍風俗和瀟灑人情用華麗的擬古文記錄下來，另一方面以現代人的眼光，對不合理的社會制度進行了冷靜卻強有力的批判。「現代紫式部」跟同時代的男性作家如夏目漱石或森鷗外等的作品比較，樋口一葉的文學，表面印象很古老。但是，她描寫的女人心理，即使今天看來也一點都不陳舊的。不僅是《青梅竹馬》的美登利，而且其他作品的登場人物也經常喊出「不要！不要！不要！」或者「討厭！討厭！討厭！」因爲她們受不了生活中種種解不開的死結。這些死結，在不同的時代，不同的社會裡，會有不同的型態，卻始終不消失。《濁江》等的登場人物，由於心理負擔過重，竟發作身體、精神病症。雖然一葉沒看過佛洛依德、容格的書，但是深刻了解人之心理運作。文學作品的價值超越性別。話是這麼說，如果樋口一葉生爲男性，其生涯絕對會很不一樣。以她卓越的智力，大概能上東京帝大，被派去國外留學都說不定。即使父母不富裕，一定有人願意出錢。但是，生爲女性，她受到的正式教育非常有限。除了在私塾「萩之舍」研究和歌以外，連在龍泉寺町做買賣的時期，她都常去上野圖書館的婦女閱覽室拚命看書。結果，關於中日古典文學的造詣特別深，後來當上東京女子大學校長的安井鐵，就跟晚年的一葉學過《源氏物語》。說晚年，其實才二十三、四歲時候的事情。一八九五年底，刊登了一葉作品《十三夜》的《文藝俱樂部》雜誌「閨秀小說專輯」賣出三萬本。忽然間，她出了大名，被稱爲「現代紫式部」。有人主動借錢給她，也有人偷她家的門牌。一葉本人卻保持低調；華麗的場面一律謝絕沒有出席。頭疼是長年折磨她的毛病。九六年春天，連背部都感到疼痛；夏天以後則不能起床了。原來患有肺結核，十一月二十三日在本鄉區丸山福山町住家去世。享年僅僅二十四。

龍泉寺散步

《青梅竹馬》的背景龍泉寺町，如今有一葉紀念館。在JR山手線上野站，換坐地鐵日比谷線，在第二站「三輪」下車。沿著國際通，往淺草方向走大約五分鐘，看到了「龍泉」的路牌就往左拐，可看到小小可愛的紀念館（每週一休息）。裡面有《青梅竹馬》草稿，一葉穿過的和服、當年龍泉寺町社區的模型等。對面的一葉公園有《青梅竹馬》紀念碑。

紀念館在小工廠密集的地區。隔壁是畫框商，還有鞋廠、玩具批發商等。一家商店出售的「一葉煎餅」，因爲新幣發行的緣故，一時供不應求。離紀念館再往南走兩分鐘，到「飛不動」十字路口，龍泉郵局斜對面就是一葉曾經開小店的地方，現在有「樋口一葉舊居蹟」紀念碑。前邊的路往東走一段，就到吉原花街柳巷了。

吉原今天仍然是妓院密集的地方。賣淫禁止法施行後，把牌子換成特殊浴池而照樣營業；連街道區劃都保持著原樣，只是沒有了水溝而已。聞名於世的「回頭柳」種在當年嫖客依依難捨地回家之前，最後回頭一次的地點。吉原做爲江户文化沙龍的傳統早就完全消滅，今天純粹爲人口販賣的場所。在粉紅紫色的水泥大建築前邊，整天站著拉皮條的；女性遊客不宜單獨接近。

芥川龍之介

向全日本發送最新思想和作品

與田端文士村

二十世紀初，東京曾有過三個文士村，即屬於現今北區的田端文士村、大田區的馬込文士村，以及杉並區的阿佐谷文士村。文士村是小說家、詩人等集中生活的地區；並不是他們集體生活的公社。當年東京人口爆發，越來越多人離開擁擠不堪的舊市區而搬進新開發的郊區去。立志做文學家的年輕人又很多都出身於鄉下，來到首都上學做事之際，發現郊區的氣氛比舊市區開放自由，對藝術家的生活方式也較爲寬容，於是紛紛在郊區住下來了。田端、馬込、阿佐谷，就是當年東京的北郊、南郊、西郊。在三個文士村當中，最先形成的是田端文士村，另有詩人之都、文士藝術家村等美名。如今坐JR山手線，離東京站到田端只需十四分鐘，離新宿站也十七分鐘而已。可是，一百年以前，這裡倒是相當偏僻的農村。

藝術家和作家加強了文化氣氛

田端文士村最早的居民芥川龍之介，剛搬過來時候作的和歌裡，重複把非菜園當做最有代表性的風景。他在江戶文化氣息很濃厚的舊市區本所小泉町（現JR兩國站附近）長大；一九一四年，二十二歲時候，跟著養父母一家人搬到郊區田端來了。當時，芥川就讀於東京帝國大學英文系，已經在校園雜誌上發表小說，第二年寫的《羅生門》成為畢生的代表作之一。（黑澤明後來拍的同名電影乃他另一篇小說《竹藪中》改編而成的。）日本文壇史研究家，也是田端的長期居民近藤富枝，在一九七五年問世的《田端文士村》一書裡，把芥川稱為「田端大王」。當年的他年輕有為英俊瀟灑，好多文學青年慕名而來；每星期天的會客日，芥川家二樓的書房「我鬼窟（後來改名為澄江堂）」變成了熱鬧活潑的文學沙龍。田端本來住有不少美術家，尤其畫家、陶瓷藝術家相當多，因爲離上野的東京美術學校（現東京藝術大學美術系）不遠，而且空地多，蓋工作室方便。近代日本頭一份摩登美術雜誌《方寸》就在田端創刊的（一九〇七年）。同一年，從歐洲留學回來的一批藝術家們親自建設網球場，並在周圍種了白楊樹，充滿泰西氣氛的「白楊俱樂部」就成立了。以芥川爲首的文人加入後，田端更發展成名副其實的文士藝術家村了。看看年譜，一九二〇年左右的田端，文學活動眞是豐富。除了著名小說家、詩人室生犀星與萩原朔太郎從古城金澤搬來創刊的詩歌雜誌《感情》，小說家菊池寬發行的《文藝春秋》（芥川每期寫卷頭言〈侏儒的話語〉）等文學刊物以外，還有詩人野口雨情的童謠雜誌《金船》，婦解運動家平塚雷鳥的新女性雜誌《青韜》等，都由這個總面積才零點七平方公里的小村子向全日本發送了最新的思想與作品。藝術家、作家之間的密切來往加強了田端的文化氣氛。另外，不能忘記的是，這裡也有慷慨的資助者。大建設公司鹿島組的董事鹿島龍藏住在田端，收藏當地藝術家的作品，給他們出錢蓋畫室，也帶文人去各地旅行。由他組織的「道閑會」（又稱「道歡會」），乃芥

蕎麥麵老店淺野屋

川龍之介、久保田萬太郎等作家和山本鼎、吉田白嶺等藝術家定期聚會吃喝聊天的沙龍，當時走紅的文化界人士輪流被邀請做了嘉賓；場地每次不同，費用卻始終由鹿島承擔了。

如同巴黎的蒙馬特

雖然田端在郊外，但畢竟是文士藝術家村，水準極高的食肆爲數不少。例如，懷石料理的天然自笑軒，不僅菜肴做得好（主廚是當年日本烹調界名人），而且庭院設計、室內掛的書畫、用的盤碟全是一流。怪不得，政商界巨頭，以及各門路的食家都特地來光顧。芥川結婚時候，就在這裡擺了酒席。文雅的房間裡，「道閑會」成員合拍的照片收錄在近藤的書。附近，除了幾家日式餐廳以外，還有俄國人開的麵包店兼咖啡館白亞堂等，亦受到文士藝術家的歡迎。《田端文士村》中，有趣的插話非常多。例如，國會議員夫人兼著名美女日向金武子喜歡養蛇，鄰居們把她房子稱爲「蛇公館」。她每天早上都騎白馬在田端村繞一圈。還有，後來寫無產階級小說出名的佐多稻子，本來在當地酒吧「紅綠」上班，跟詩歌雜誌《驢馬》的一批文人相結識以後，嫁給其中之一窪川鶴次郎，並在眾同人的鼓勵下，逐漸演變成女作家了。一九二〇年左右，在日本是短命的大正天皇施政時期。當年的社會風氣，用一句話概括便是摩登。在那個時代環境裡，有人把田端比做巴黎蒙馬特區。然而，世上沒有不散的筵席，文士藝術家村隆盛的日子也沒有維持很久。一九二七年七月二十四日，芥川在田端家中服毒自殺，享年三十五；近藤認為是文士藝術家村衰退的開始。至於衰退的完成，則是太平洋戰爭末期，四五年四月十三日的美軍空襲。當晚，整個田端地區，包括芥川故居和白楊俱樂部，全化為灰燼了。

關於芥川龍之介

「田端大王」芥川龍之介有過四個母親：生母、繼母、養母和姨母。著名心理學家岸田秀認爲：他精神最終崩潰，歸根結柢是複雜的生平所導致。龍之介出生後八個月，生母發狂，他就被送到舅父家去了。那裡，除了舅父、舅母以外，還有單身的姨母，即生母的姐姐。她實際上把龍之介帶大了。生母還有一個未婚妹妹，姐姐生病後，馬上去陪伴，不久跟姐夫發生關係，生下了龍之介的異母弟。狂人生母活到他十一歲；第二年父親才正式娶了已故妻子的妹妹。小姨做了龍之介的繼母。他懂事的時候，身邊有三個老人生活，尤其姨母對他的感情非常濃。最晚年的作品《傻子的一生》裡，他寫：在住家二樓，他和姨母經常吵架。但是，他愛姨母比誰都深。當他二十二歲，平生第一次談戀愛之際，姨母加以干涉，強迫他跟女朋友斷絕來往。二十六歲結婚以後，姨母之對於他媳婦，比普通婆婆還要嚴厲苛刻。

作者要藏在故事背後

近代日本文學以私小說爲主。然而，芥川跟導師夏目漱石一致反對這股

田端站南口跟當年一樣

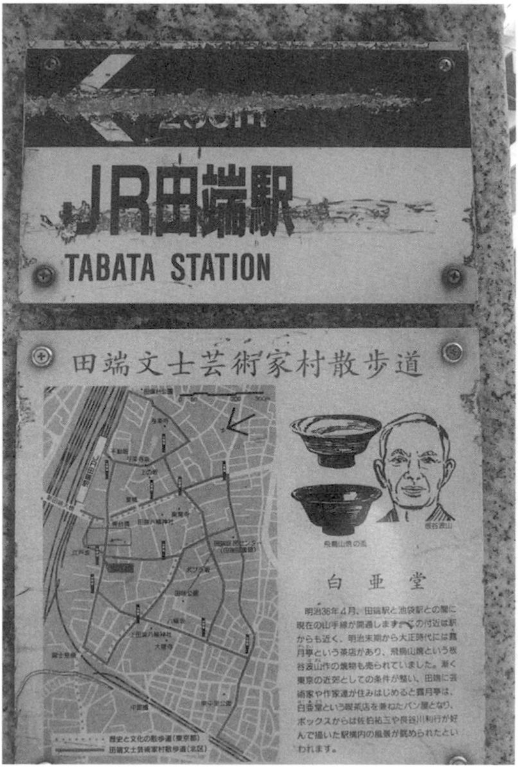

文士村散步路說明牌

潮流，早期寫的均是純虛構小說；作者自己不出現在作品中。他卻猶如創造主，完全藏在故事幕後。雖然第一篇小說《羅生門》被當時的文壇置之不理，但是第二篇《鼻》則受到了漱石的高度讚揚。跟著《芋粥》、《手巾》等作品都引起相當大的反響。當二十五歲出版第一本小說集之際，芥川龍之介早已是有目共睹的文壇明星了。他善於寫短篇小說。其中多數以古代日本或中國為背景，離現實生活很遠。但是作者把登場人物的心理運作描繪得很精采、很現代。他是非常理智的文學家；這段時期的作品彷彿精緻巧妙的工藝品。正如漱石晚年寫了自傳性作品《道草》，芥川在三十二歲發表的短篇小說《大導寺信輔的半生》中，第一次講到了自己的來歷。但是，還不敢把複雜的生平如實寫出來。作品中，故意混淆生母和養母。主人翁信輔沒吃過母奶，因為「母親本來就身體虛弱，生了唯一的兒子後，都沒餵過一滴奶」的。於是，信輔只吃牛奶長大，乃他最大的恥辱，也是最大的祕密。他絕不可被同學們知道這事實；畢竟他們是吃母奶長大的人。近代日本作家當中，一輩子被不幸的幼年時代回憶所困擾的例子並不罕見。例如，芥川的導師夏目漱石，以及田端文士村的夥伴室生犀星、堀辰雄。跟理性冷靜的表面相反，芥川對母愛的強烈渴望，在他生活中忽隱忽現。雖然結了婚有三個兒子，他在外面仍不停地追求不同的女人。對象往往是有夫之婦。最有名的情人，愛爾蘭文學翻譯家片山廣子竟比他大十四歲。最後喪命之前，他也兩次企圖跟妻室文子的朋友結伴自殺，使得文子感嘆不已。三十三歲時候發表的隨筆《點鬼簿》中，芥川終於公開了畢生最恐怖的祕密：「我母親是狂人」。他自己到底甚麼時候開始有跟母親一樣的病症，外人只好猜測。病案紀錄研究家福島章認爲：芥川登上文壇時，已患有神經衰弱、失眠症，而那段時期發表的作品中不缺傑作。反之，後來結婚身體心情都較爲穩定的時期，創作上的成就卻很少。他從小害怕自己也有一天會跟母親一樣發狂，而那恐懼感大概叫他忘我地埋頭寫作了。

「一級的天才，對命運特別敏感」

晚年的芥川明顯有精神分裂的症狀。小說《齒輪》中充滿著被害妄想的描述，讀起來逼眞可怕。於作品末尾，他寫：「我已經沒有力氣再寫下去了。以這樣的精神狀態活著，我感到無法用語言表達的痛苦。有沒有人能在我睡著的時候，悄悄地絞殺我？」三個月後，他果然自殺了。可是，跟《齒輪》同一時期，他也完成了中篇小說《河童》；以想像動物河童的國家爲背景的寓言有完善的結構。即使發了精神病，芥川也並沒有失去創造虛構世界的能力。《傻子的一生》裡的一句話，至今膾炙人口：「人生不如一行波特萊爾。」留給朋友的遺書裡，芥川寫，要自殺的原因是「模糊的不安」。那是一九二七年，即全球性蕭條以及第二次世界大戰前夕。有人說過：芥川一級的天才對人類命運特別敏感，恐怕感覺到破滅將要來臨的預兆而先走的。不過，這是不可能證明的事情。他作品如《羅生門》、《杜子春》、《蜘蛛絲》等，到今天都是日本中學生必讀之書。不過，影響力更大的也許是芥川龍之介爲日本人塑造了小說家的典型形象：臉色蒼白、腦門兒大、瘦骨嶙峋、眉目清秀、手指細長、故作鎭靜。這樣的形象，至今常在日本漫畫、卡通、通俗小說裡出現。父親去世時，三個兒子比呂志、多加志、也寸志分別爲六歲、四歲、兩歲。他們的名字紀念著龍之介在田端文士村密切來往的朋友們。次男多加志在第二次世界大戰中喪命；長男和三男卻都在戰後的日本文化界出了名了。比呂志是話劇演員，也寸志則是作曲家。他們已於一九八〇年代陸續離開今世。今天，芥川這姓氏，猶如神話人名般地，仍然在近代日本文化史上閃耀著。

田端散步

JR山手線田端車站北出口正對面有「田端文士村紀念館」（上午十點—下午五點，免費入場，每週一休息）。雖然場地不大，但是關於文士村的資料很豐富。參觀者可以自由啓動大廳內的錄影機。若選擇「芥川龍之介」一卷，則能看到芥川在住家院子裡，跟幼小孩子一起爬樹的難得場面。紀念館簡介後面印有「田端散步」地圖，標記著幾十名作家、藝術家的故居所在地。沿著地圖路線走，大約需要一個鐘頭。最後，走回紀念館後面的「高台通」，有家老字號蕎麥麵館叫「淺野屋」，乃芥川龍之介生前常光顧的鋪子。另外，紀念館也舉行題目散步、朗誦會等。當地有一九四二年創立的話劇團文化座，亦連續上演「田端文士村系列」作品。

頹廢的氣氛

太宰治的三鷹

王家衛曾在一次訪問中說，梁朝偉總讓他想起太宰治。「當他聽一首音樂時，坐在一角，手拿一根香菸，用一種似笑非笑的眼神望望我。」

文學美男子

王家衛提到的作品應該是一九四八年三月問世的《美男子與菸草》。小說家在出版社編輯的帶領下，從東京郊區三鷹的住家特地到上野地下道去跟眾流浪漢一起拍照片。結果他發現，那些無家可歸者個個都是跟他一樣的美男子，而且即使身上沒有一分錢，個個也都懶懶地抽著香菸。出名的文學家把自己比做流浪漢，別人會覺得可笑滑稽。然而，作者本人倒滿認眞，文中甚至強調，一級的美男子始終有危險淪落到街上去過日子的。後來，他把那天跟一群無家可歸者合拍的照片交給太太看，她竟不能區別誰是自己的丈

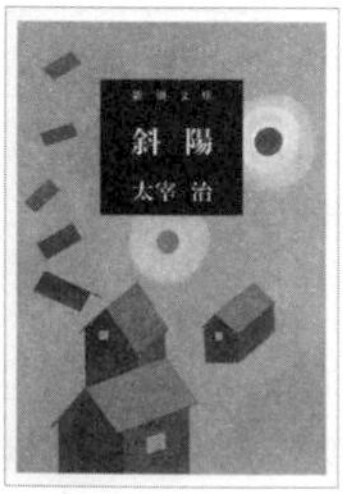

夫，誰是流浪漢。顯然，他散發著相當頹廢的氣氛。重看太宰治的照片，到底名導演說得沒錯，確實像梁朝偉。他是個不折不扣的美男子，而且屬於小白臉類型，果然一輩子色禍沒斷過。發表《美男子與菸草》時，三十八歲的太宰治家裡有太太和三個孩子。其中最小的次女里子剛滿一歲，當時誰也不知道她將來會成爲名作家津島佑子。同時，在遠離東京的下曾我，是書迷也是長篇小說《斜陽》的模特兒太田靜子抱著才四個月大的私生女。經一夜情做了父親的太宰治，給那嬰兒起的名字就叫治子。太田治子寫《斜陽札記》登上文壇是十幾年以後的事情。一九四八年其實是太宰治生命最後的一年。前一年，兩個女兒先後出生的時候，他跟美容師山崎富榮相識，不久開始在三鷹火車站附近她的居所寫作喝酒了。他畢生的兩部代表作品《斜陽》和《人間失格》都是在那段時間裡完成的。同一時期發表的幾篇短篇小說中，他重複地預告著將要跟情人跳水自殺。

爲甚麼要自殺？生活中有三個女人，恐怕太複雜了。日本剛戰敗後的窮困年代，養育三個孩子很辛苦，何況老二兒子有殘障，說不定導致父親對未來悲觀。還有嚴重的肺病，已經到了吐血的地步，也可能讓他絕望。另外有特重的繳稅壓力，使他不知怎樣對付。再說，他對戰後日本社會的輕浮風氣也非常厭惡。不過，大家都知道，太宰治想到自殺並不是第一次。早在三十歲以前，他自殺未遂多達四次，而且其中兩次爲殉情自殺，結果溺死了一名已婚吧女。世上有一種美男子，勾引女人時說出口的老套話便是：跟我一起死吧。從小做富貴人家的黑羊，參加左派運動感到挫折，跟朋友交往都始終戰戰兢兢，唯獨在女人懷抱裡感到安全。死不如生的前半生，太宰治在第一本書《晚年》裡，很誠懇地懺悔過。二十七歲出版的處女作叫做《晚年》，因爲那些文章，本來是當遺書寫的。一九三九年，太宰治二十九歲時候，由恩師井伏鱒二作媒，跟女中教師石原美知子結婚，一時看來是起死回生的轉機。美知子跟他之前來往過的女性屬於不同的階級，乃有教育、有文化的良家閨秀。她是看上太宰的才華而結婚的。同年九月，新婚夫妻搬到三鷹。直

四月なかば、ひるごろの事である。
頭を挙げて見ると、玉川上水は深く
ゆるゆると流れて、両岸の桜は、も
う葉桜になっていて真青に茂り合い
青い枝葉が両側から覆いかぶさり、
青葉のトンネルのようである。……

「風之通」道邊的文學碑

到太宰去世，除了戰時避難以外，一直住在三鷹下連雀的租賃平房。東京的六月是梅雨的季節。天天下雨，令人沉悶的日子裡，街上水果攤子擺出紅裡透黃的櫻桃，簡直跟寶石一樣美麗。六月出生的太宰向來偏愛櫻桃。臨死前一個月發表的短篇小說就叫做《櫻桃》。爲了迴避面對家庭中的種種問題，一個人跑出來的作家，在三鷹火車站附近的居酒屋，邊喝酒邊吃櫻桃，自暴自棄地自言自語道：父母應該比孩子重要！如今，一講到櫻桃，很多日本人就想到太宰治。一來那個短篇小說實在很有名。二來不少人知道太宰治的忌辰叫做櫻桃忌。每年的六月十九日，上千名書迷從日本全國來到三鷹，去禪林寺參加法事，並到後邊墓地上香。然後有的去玉川上水他和山崎富榮跳河的地點祈禱冥福。

自我形象的掙扎

過去五十多年，太宰治是日本年輕人最鍾愛的作家。新潮社出版的文庫本《人間失格》總銷量達六百萬，而至今每年一定重印十萬本。「過來了多恥的生涯」，以這麼一句話開始的自傳體小說，主要內容反映作者的親身經驗。主人翁從小自我意識特別強，始終覺得自己很假，非常害怕被人發現自己的眞面貌。他越走越墮落，正如有位評論家說太宰治文學的本質是下降傾向。嗜毒給送進精神病院並被骨肉斷絕關係，是作者經歷過的現實。唯一不同的是，小說主人翁最後成廢人，跟一名老太婆夫妻一般地隱居偏僻的漁村度晚年，但實際上他才二十七歲而已。現實中的太宰，就是在那歲數出版第一本書，後來名氣越來越大。然而，三十八歲自殺喪命之前，他非得完成不可的長篇小說《人間失格》，沒有包括作者生命中正面光榮的一部分，如事業上成功、結婚生子等。反之，他最後留下的自畫像非常醜陋。儘管如此，倘若太宰治的自我形象是醜陋到底的話，恐怕不會吸引那麼多年輕讀者。眞相正好相反。花整本書的篇幅描繪了主人翁墮落至極的半輩子以後，作者最後讓一名酒吧媽媽桑說這樣的一段話。「我們所知道的阿葉（按：主人翁的名字）是非常溫順，也想得眞周到的一個人。只要不喝酒……不，即使喝了

酒，他眞是個上帝一般的好孩子。」這讓我想起《美男子與菸草》。除了跟一群無家可歸者合拍的照片以外，原來還有一張，是太宰治蹲下來抓一名流浪兒童的腳拍的。作者自我意識過剩地寫，也許有人看了這張以後會說，太宰在學聖經中基督幫徒弟洗腳的場面。太宰文學的本質，除了下降傾向以外，就是不可救藥的自戀。

拒絕成熟，爲青春犧牲

年輕人酷愛太宰治，因爲他是拒絕成熟，爲青春而犧牲的文學家。與其做妥協過腳踏實地的生活，他寧願成爲墮落天使而得到永恆。一九四八年的六月十九日，本來是太宰治的三十九歲生日。那天，他和山崎富榮用紅繩子綁在一起的溺屍，在三鷹附近的玉川上水被發現了。生日和忌辰恰巧是同一日，好比他在人間沒有活過一樣。從此太宰治成了日本文壇又一個傳說。

玉川上水跳水地點

三鷹散步之一

對太宰治書迷來說，東京三鷹是文學聖地。當地人對他的感情卻不單純。一方面，他在文學上的成就無疑很大。另一方面，他是個破滅型、無賴派的文人，道德上非常可疑。尤其最後，他跟情婦山崎富榮吃了氰酸鉀以後雙雙跳河自殺的玉川上水是東京居民的飲水來源。人們很氣憤地說：怎麼敢做這種事情？太可恥！實在死有餘辜。儘管如此，每年還是有好多書迷從全國各地來三鷹尋找太宰治的足跡。而且，當地在東京也算是文學根據地之一。「中央線文化人」這個說法已經有一世紀的歷史，附近居民中有不少學人以及文學愛好者。於是這些年來，建立了一些紀念太宰治的文學碑。只是，始終比較低調，免得刺激反對派情緒。從JR三鷹火車站南口出來，往左下了陸橋的地方有個巴士站，是開往宮崎駿吉卜力美術館的市營公車出發點。坐車過去很方便，可是徒步也才二十分鐘的距離，不妨走走，何況沿路是風景極美的玉川上水人行道，現在已修建爲「風之散步路」。其實火車站下邊貫流著玉川上水，不過上面蓋了大樓看不見。離開中央線軌道往東南幾米之處，綠蔭小道就開始。右邊第一個路口，看得見「永塚葬儀社」的牌子。原來，山崎富榮租而跟太宰治半同居的房間在殯儀館二樓。兩個人之間的關係，說不定從一開始就是死作做媒的。對面，如今有高層公寓的地方，曾經有居酒屋「千草」，乃太宰治生前常去的地方，也是屍體被發現後，警方進行驗屍的地點。附近至今有叫「津輕」的食肆，商號取自太宰治故鄉青森縣的古名，也是他執筆的紀行文學傑作名稱，顯然是書迷爲書迷開的店。沿著玉川上水走幾分鐘，右邊有樹叢和長凳子形成的迷你休息處。仔細看則會發現，金屬版刻有太宰治在這附近拍的照片以及短篇小說《乞食學生》中的一段。文中作者把這條上水道稱爲「吃人河」；因爲水量多而流得快，一跳下去就沒命了。再走過去，一家法國餐廳店前擺著一塊不大不小的石頭。說明牌上只寫著：「玉鹿石。青森縣金木產」。那兒是太宰治出生地。他跳水的地點就是正對面的堤岸。一般行人看見這塊石頭都不會猜到有甚麼意義。只有太宰的崇拜者把它當標記，老遠來爲他們的墮落天使祈禱冥福。

三鷹散步之二——老書迷

雖然太宰治是青春文學大師，他書迷並不全是年輕人，實際上包括很多半世紀以前的青年男女在內。比如說，每年從三月到十一月的第四個星期日上午九點五十分，在三鷹火車站南口陸橋上集合出發的「太宰治足跡遊」，來參加的團員很多是退休人士。免費帶他們走的義務導遊，其實也是領養老金的附近老居民。四月最後星期日，陸橋上有男女老導遊共三位，均穿著很鮮豔的草綠色上衣，跟花白的髮色很相配。這天參加的二十來名文學愛好者，看樣子最年輕的都有四十幾，老的則有七十多。導遊散發的地圖上，有玉川上水、禪林寺等書迷很熟悉的地點，也有太宰治故居（走「風之散步路」到平和通往右拐，文化設施井心亭對面小巷子裡，左邊最裡頭的平房）等較爲難找的地方，還有他曾去買威士忌的「伊勢元酒店」、常去吃壽司的「美登里家」等只有當地人會知道的場所。太宰治在三鷹的足跡大多集中於中央線軌道的東南邊。整個路程需要將近三個鐘頭。結束後，若有人願意，則可以到車站附近的文學餐廳去，邊聽太宰作品朗讀邊吃飯，並且聊聊他作品的吸引力。有位年過花甲，穿著隨便的小個子老先生，帶有正方形，用布料包好的東西。看起來不怎麼厚，有點像畫框。三位導遊打了招呼，但也不給團員介紹他是誰。「太宰治足跡遊」開始後二十分鐘，大家走到跟作家緣分不淺的居酒屋「千草」舊址，那位老先生的祕密身分終於被公布了。原來，他是居酒屋老闆的兒子，太宰生前每次喝醉酒都要逗樂他。雖說當時他才十歲，事後也過了五十多年，但是對大作家的印象仍舊很深刻。這天帶來的正方形物品，是從前在店裡用的暖爐桌板。「太宰先生把胳膊肘支在桌子上托腮幫子的照片，你們都應該看過吧。這張桌板就是那個。」他很驕傲似地打開布包，拿出來給大家看。顯而易見，這張陳舊木板是他家世傳的寶物。太宰失蹤後，搜查隊總部設在「千草」內，後來連驗屍都在店裡進行，使得老闆無法繼續做生意。他們家可以說是太宰的受害者，然而至今倒很懷念他。文學散步的路上，會碰上令人深思的人生故事。

三鷹散步之三——櫻桃忌

已故日本作家的忌辰，較爲人知的有三島由紀夫的憂國忌、司馬遼太郎的菜花忌、向田邦子的木槿忌等。不過，最有名的絕對是太宰治的櫻桃忌。

每年一進入梅雨季節，很多書迷就在三鷹火車站下車一直往南走，看看中央通右邊的《斜陽》紀念碑，然後在連雀通往右轉，到禪林寺上墳去。

六月十九日那天，更有上千名崇拜者從各地來參加櫻桃忌法事。下

櫻桃祭太宰墓碑

午兩點鐘，由方丈在墓前讀經供養太宰治。然後，各與會者輪流合十拜拜。跟著，大家到堂裡去談談太宰治的人與作品。

太宰的墳墓在禪林寺內建立，是他生前很喜歡到這裡來散步的緣故。原來，他崇拜的明治時代文豪森鷗外以及他家人的墳墓在這裡。鷗外臨死前宣布要放棄人間的一切頭銜，墓碑上只刻著本名森林太郎四個字。至於以耽美派風格聞名的女作家，鷗外之女森茉莉的骨灰則安置在森家集體墓碑下。

第一次的櫻桃忌是太宰去世的翌年六月十九日舉行的。本來，他留遺書失蹤並跳河自殺的日期是六月十三日。然而，遺體是六天後的十九日才被發現的。恰巧那天是他三十九歲的生日。於是遺族友人決定六月十九日爲櫻桃忌。跟他一起死的山崎富榮之骨灰則埋在別處。在太宰親朋主辦的追悼會裡，她始終沒有份兒。

當初，跟太宰來往密切的作家龜井勝一郎等人組織了櫻桃忌集會。他們每年一次邀請遺族一同上墳後邊喝酒邊談談太宰治的人和文學。這時在桌子上，一定要有櫻桃。

後來，跟太宰有過來往的人一個接一個地離開今世。如今櫻桃忌的與會者大多是年輕讀者了。他們照舊帶櫻桃來，有的把好多果子連在一起做成圈兒，然後猶如項鍊地掛在刻有太宰治三個字的墓碑上。

在短篇小說《櫻桃》裡，主人翁邊吃櫻桃當下酒菜邊道：「在我家，不讓小孩子吃奢侈的東西。孩子們也許看都沒看過櫻桃。如果給他們吃，一定會很高興。如果父親帶回家，一定會很高興。掛在胸前，櫻桃會像珊瑚項鍊。」那是作家發揮想像力的。他生前不曾看過櫻桃項鍊。太宰治享年三十九，換成虛歲便是四十。本來該不惑之年齡，他卻迷惑到底了。

三鷹散步之四——永遠年輕的作家

太宰治是個非常奇特的作家；他是永遠不會變老的。

三十九歲自殺的人，永遠不加齡，永遠不會到不惑之年，是理所當然的事情。可是，他作品也一樣不變老，簡直跟奇蹟一般。

我第一次看他作品，是十四歲，初中二年級時候。之後的幾年，更熱中看了他所有的作品。對東京的文學少女來說，他是特級偶像，比電影明星還有吸引力。

過了二十歲，我卻很少從書架拿下太宰治著作了。怎麼說呢。猶如過去的男朋友，隔些時候碰面，怪不好意思的。尤其去海外，讀到邏輯結構稠密如哥德式大教堂般的歐洲小說，我爲日本私小說特別羞愧，似乎根本缺乏文學作品該有的想像力和創造性。

然而，這次重看太宰作品，我非常吃驚，因爲讀起來挺新鮮，好比是他昨天才寫的文章，一點沒有陳舊的感覺，雖然實際上是好幾十年前的作品。果然，傑出的藝術品經得起時間的考驗。難怪，每一代日本年輕人都要往他小說裡尋找人生難題的解答。永垂不朽的青春，就是太宰治作品的生命力。

私學之雄

夏目漱石的早稻田

東京新宿早稻田是日本數一數二的學生區。俗稱「私學之雄」的早稻田大學擁有五萬名學生。爲他們服務的新舊書店、餐廳、咖啡館、麻將屋等，密密麻麻在小街兩邊鱗次櫛比的樣子，猶如天天開著廟會一般，熱鬧非凡。日本文學界、戲劇界不少名人都曾在這裡消耗過青春時光。其中現在最有名的，大概是文學系畢業生村上春樹了；《挪威的森林》主人翁渡邊的生活就反映作者在早稻田過的日子。近代日本頭號文豪夏目漱石（本名金之助）出生以及永眠的地點，也都在附近。由「地鐵早稻田站前」紅綠燈往南上去的坡道邊，掛著「夏目坂」的路牌。德川幕府時代，夏目家是這一帶的仕紳，代代做行政代表「町名主」到金之助的父親小兵衛直克。這裡的地名「喜久井町」又是家徽「菊井」的諧音，可見夏目家勢力之大。

日本頭號文豪

一八六七年，金之助出生的地點，就在「夏目坂」入口左邊，十七世紀創業的老字號酒店小倉屋（KOKURAYA）隔壁。夏目公館已經不存在，如今只有「漱石誕生地」的紀念碑而已。書迷覺得可惜，但，文豪本人生前就表明過，老房子早點消失為好，因為對它沒有快樂的記憶。金之助出生的時候，父親已經五十歲，母親四十一歲，上邊有四兄三姐。晚年發表的隨筆集《玻璃門內》（日文原名：「硝子戶之中」）裡，漱石寫：「現在還有人偶爾提到，母親生我的時候曾說過，這麼大年紀懷孕沒有面目見人。恐怕不僅是那個原因，總之，生後不久，父母就把我寄養出去了。收養我的是賣舊貨餬口的窮夫婦。跟舊貨店的雜物一起，連我都放進去的小籃子，夜夜都擺在四谷大街的路攤上。有一晚，姐姐有事情走過那裡，大概覺得怪可憐，就抱上來帶回家了。然而，那晚我就是不肯睡，整整哭了一夜，導致姐姐被父親大罵……」幾個月後，金之助過繼給父親的熟人鹽原昌之助，正式離開了夏目家。養父在淺草做街道小吏，夫妻關係很不和睦，金之助七歲時候，養父跟新歡同居起來鬧離婚，把他送回夏目家了。可是，親生父親不歡迎老兒子，使他感到無處存身。從九歲起，金之助在早稻田生活。然而，戶籍卻仍舊在鹽原家，直到二十二歲才復姓爲夏目。金之助十四歲時候，母親去世，使他更加孤獨。《玻璃門內》一篇文章說：「從經常飄霧的秋天到寒風刺骨的冬天，每次聽見西閑寺的鐘聲，猶如向心頭吹來既悲又冷的東西，叫年少的我情緒寒冷。」紀念碑對面的小路上去，今天還有那寺廟，遊人可以自由參觀。十七歲以後，金之助常在外面租房間住，一到假期又去遠處旅行。顯而易見，他想盡量避開充滿悲哀回憶的出生之家。

十一年的寫作生涯

大名鼎鼎的夏目漱石，三十八歲才開始發表小說，到四十九歲去世爲

夏目坂通り
Natsumezaka-dori

止，寫作生涯只有十一年而已。他畢業於東京帝國大學英文系。翻身爲小說家之前，先在東京高等師範學校、四國松山中學、九州熊本第五高等學校等教書，業餘愛好作俳句。「漱石」本來是發表俳句作品時候用的名號。三十三歲時候，公費給派到倫敦去研究英國語文，永遠改變了他命運。後來回想在倫敦過的日子，漱石說：那是生命中最不愉快的兩年。早在日本教書的時候，他患過神經衰弱，翻譯成今天的詞彙，便是憂鬱症。也許是不遇的幼年時代播了種；著名評論家江藤淳則指出：他對兄嫂的戀情造成深刻內疚感，很可能引發了心病。總之，在異鄉過的孤獨生活導致老病復發。英國女房東擔心東方來的中年留學生老關在屋子裡不出來，提議他買輛自行車，鍛鍊身體並呼吸新鮮空氣。《單車日記》描寫的就是那段時間的所見所想。回國後，他仍然悶悶不樂，甚至鬧家庭暴力跟妻小分居。俳句界老朋友高濱虛子勸他試試寫小說散散心。誰料到，三十八歲發表的第一部作品《我是貓》以其獨特的風格引起了非常大的反響；而且在短短兩年內，《少爺》、《草枕》等傑作接踵而來。他在倫敦埋頭讀書又與心病做孤獨鬥爭的苦日子果然不是白熬的。英國歸來的小說家在日本文壇上馬上佔了重要位置。四十歲那年，漱石被《朝日新聞》以高薪聘請爲專屬作家，同時辭掉了東京帝大講師職位。不久，從鄰近大學的本鄉西片町舉家搬到早稻田南町七番地的木造房子，命名爲「漱石山房」，一直住到去世當天。「漱石山房」離他出生之家只有四、五百米而已，走路幾分鐘就到。從「夏目坂」入口沿著「早稻田通」往東走一段，右邊有正法寺，進前面小巷一直走，過南町保育園和早稻田小學，上坡路變成下坡路以後，左邊看到「漱石公園」的牌子。這兒就是當年「漱石山房」的所在地。如今在小小可愛的綠地中間，設置著漱石的胸像。後邊，把好多扁石頭重疊成塔的「貓塚」下，埋有漱石家族養過的多種寵物。不愧爲《我是貓》的作者，他寵愛狗、貓、小鳥等，有人說是無救小動物讓他聯想到被父母放棄的早年經驗之緣故。

「木曜會」日本文學史永垂不朽的傳說

對夏目漱石來說，早稻田是充滿著幼年悲哀回憶的地方。在社會上成功出名以後，為甚麼偏偏選擇這地方回來安家，他自己生前似乎沒有解釋過。也許是衣錦還鄉心理所致。可是，「漱石山房」實際上不是甚麼豪宅，而是他每月付三十五圓租來的破舊房子。弟子芥川龍之介在導師去世後發表的兩篇短文〈漱石山房的秋天〉和〈漱石山房的冬天〉裡，重複把漱石的生活以及寫作環境描寫為「蕭條」。他說：天花板上有漏雨的痕跡，牆壁上有老鼠打的洞，冷風從地板縫兒吹進來，但是很多年都沒有裝修。「漱石山房」蓋在三百坪的土地上，有相當大的院子。老平房總共七個房間中，主人佔領兩間來當書房和客廳。妻子、六個小孩和女傭等八、九個人則擠在其他五間生活。書房有八張榻榻米大，兩邊牆壁為玻璃窗，外邊是設有欄杆的走廊；漱

漱石公園

石坐在裡面就看得見院子中的風景，於是他隨筆集叫做《玻璃門內》。木頭地板上鋪地毯，中間放置紫檀矮桌子，漱石跪下來寫出《夢十夜》、《三四郎》、《其後》、《門》、《心》、《道草》、《明暗》等不朽的名著。其他時候，他喜歡作絕句、律詩，也愛好畫畫兒；對他都有精神治療的意義。神經衰弱不時發作，夫妻矛盾如家常便飯，四十三歲患上胃潰瘍後，更是吐血多次；夏目漱石的生活中少有和平、健康的日子。然而，他跟文學界同好的來往是另外一回事。每星期四是主人規定的會客日。徒弟們把每週的集會稱爲「木曜會」。內田百閒、森田草平、芥川龍之介等好多文人都上門參加。雖然夏目漱石本人不喝酒，「木曜會」成員中卻不乏酒鬼，往往邊喝邊聊到深夜甚至天亮。「木曜會」是日本文學史上永垂不朽的傳說之一。直到去世的瞬間，漱石都被弟子們圍住、愛慕著。江藤淳在《夏目漱石》中說：導師和弟子之間有過類似於同性戀的濃密感情來往。這跟他對家人的兇暴態度成鮮明對照。夫人夏目鏡子講述的《漱石的回憶》中，他是動不動就發脾氣，對妻小傭人大聲辱罵施暴力，破壞器物的狂人。漱石本人留下的日記也證明，他常常被迫害妄想所襲，尤其對鏡子充滿著疑惑和怨恨。江藤也說：漱石是「天才與瘋子只隔一張紙」的典型例子。不過，由我來看，他之至今擁有多數讀者，就是那複雜的人格特質吸引現代人的緣故。漱石是文豪但不是正人君子。他去歐洲研究英國文學卻受盡文化震撼不能出門，在家跟妻子不停地吵架，同時不停地生下六個孩子；眞是矛盾極了。這人性的矛盾也反映在他作品中，面對人生問題的讀者可以從中取得思考的線索。從「漱石山房」走回誕生地紀念碑，前邊就看到「馬場下町」的十字路口。東南角有村上春樹的母校早稻田大學文學系；斜對面的派出所後邊是一座小山，上面有紅色牌樓和白色燈籠搶眼的「穴八幡神社」。自古傳說，到這裡來拜神就會「封虫」，也就是病癒。漱石四十六歲時候，神經衰弱非常嚴重。那段日子，鏡子也去祈禱過丈夫的心病早日治癒。現在，每年十月在穴八幡神社舉行的舊書展吸引多數書迷，說不定也是夏目漱石的因緣。

早稻田散步

去早稻田，先坐JR山手線到高田馬場；由新宿往池袋、上野方向第二個站，所需時間大約五分鐘。下車以後，如果有空，則可以徒步過去。如果時間不多的話，要麼坐地鐵東西線一個站在「早稻田」下車，或者坐開往「早大正門」的巴士，在「馬場下町」下車。都在JR站出口的右邊，不難找到。喜歡散步的人，則沿著「早稻田通」，一直往右（東）走。高田馬場有好多補習班、廉價餐廳、彈珠店，氣氛好熱鬧，但稍嫌雜亂。右邊看到老劇院「早稻田松竹」，走過「明治通」以後，馬路兩邊的文化氣氛明顯濃厚起來。到處都是的舊書店，雖然沒有神田神保町多，但可也不少，而且水準高。離開高田馬場車站後大約二十分鐘，就會到「西早稻田」紅綠燈了。左（東北）邊小路進去，就是早大校園。右邊再沿著「早稻田通」走下坡，下一個十字路口便是「馬場下町」，前邊看得見「KOKURAYA（小倉屋酒店）」的牌子。漱石文學散步便開始了。到過誕生地、漱石公園、穴八幡神社等地方後，不妨順便到早稻田大學校園內走一走，歇歇腿。其實，漱石二十五歲，還在東京帝國大學讀書的時候，有一段時間來這裡（當時的東京專門學校）教過英文。早大的外號叫「沒有大門的大學」；校園不集中在圍牆裡，而分散在早稻田地區。站在「馬場下町」十字路口，「早稻田通」東南邊有文學系校園；北邊在「三朝庵」蕎麥麵店和龍泉院寺廟之間的小路通往總部校園。這條「南門通」兩邊有過去和現在的學生們爲了吃飯、喝咖啡、聊天而光顧的迷你食肆多家，其中不乏幾十年老店。到頭看得見的莊嚴磚頭建築是「大隈講堂（禮堂）」，乃早大的象徵。每年四月的入學典禮，各系的新生都到這裡集合唱校歌〈首都西北〉。早稻田本來位於東京市區西北角的，在《玻璃門內》裡，漱石寫過：他小時候這裡離市中心相當遠，兩個姐姐去鬧區淺草看戲是整整一天的旅程，乃凌晨出去，白天看戲，深夜才回到家的。因爲是偏僻的地區，附近特別多寺廟、墓地，至今如此。一八八二年，後來的首相大隈重信創始早稻田大學時，周圍是名副其實的水稻田。當時，漱石十五歲，住在出生之家。禮堂對面，由正門稍微進去的地方，立著大隈重信的銅像。禮堂旁邊則有大隈庭園，定時對外開放。一對白石大獅子是台灣同學會爲了紀念母校一百周年而捐贈的。走進去，新蓋大樓的二、三層有學生食堂，雖然不高級，但是環境不錯，而且充滿著青春氣息。

貓塚

被祝福的角度

在東京，人人都是富士山迷

法國符號學者羅蘭・巴特（Roland Barth）從一九六六年到六八年，三次來東京做過考察。一九七〇年問世的《符號之帝國》中，他寫道：「這座城市的確有中心，但那中心是空虛的。」以歐洲城市為標準，拿東京做比較的話，巴特的觀察是非常準確的。東京的中心沒有高大的教堂塔，也沒有寬闊的廣場，連像樣的大街都沒有；從西方市民社會的角度來看，徹底缺乏公共空間。反之，首都中心被巨大的個人住宅——皇居——佔領著。總面積達一一五萬平方米，比東京巨蛋棒球場大二十五倍的空間裡，唯獨天皇夫婦和單身公主共三個人居住。市民被允許進去的御苑，只是其中甚小一部分而已。從上空看，東京的中心有綠色的大海。日本皇家對保護自然挺有信念。皇居內竟然有水稻田。歷代天皇自己耕田，皇后則養蠶，也不准砍伐任何樹木。結果，過去的江戶城堡早就變成都市裡的密林。如今，好幾十種野生動物和植物，在東京區域內僅於皇居裡生存著。除了東京以外，世界哪一座大都會的中心有原始密林？

從西方文明的角度來看，就不外是空虛了。巴特那一句話，似乎擊中了日本知識分子的要害。此間思想界一貫很流行巴特，但是偏偏《符號之帝國》一書被大家忘記得乾乾淨淨，如今幾乎沒人提到也買不到日譯本了。也不奇怪，我們多麼嚮往咖啡廳林立，言論自由受到保證的公共空間——廣場！

人造和自然的有機體

一九八〇年代，「東京學」在日本文化界忽然掀起熱潮。經濟成長告了一段落，社會進入後現代階段以後，大家重新對自己所住的城市發生興趣了。這門新學問的大本營《東京人》雜誌創刊於八五年。其三位編輯委員之一，評論家川本三郎可以說是這方面的泰斗，關於東京的專著相當多。他認爲，有三本書爲新誕生的「東京學」打好了基礎：即，磯田光一的《做爲思想的東京》（一九七八）、海野弘的《摩登都市東京》（一九八三），以及陣內秀信的《東京的空間人類學》（一九八五）。其中，剛從義大利留學回來，當時才三十幾歲的城市學專家陣內秀信寫的《東京的空間人類學》，對巴特那一句話進行了極其漂亮的反駁。作者也以此當上了《東京人》編輯委員。陣內曾在威尼斯做過城市設計的田野調查；回國後，沿用同一方法，帶一批學生走遍了東京都內屬於舊江戶城的地區。結果發現，江戶城有不同於西方都市而相當獨特的設計原理，即「遠心結構」。西方城市的特點是：一方面，跟外邊山野毅然隔絕；另一方面，中央廣場內的教堂塔，既是整座城的重心，也做為都市生活的主要地標。貫徹整個都市結構的原理則是「向心力」。譬如，在維也納等歐洲城市，石頭建築稠密屹立，乃對西方人來講，文明是大自然的反義詞，都市則是文明化身的緣故。從兩邊聳立磚頭高樓的小巷，走進中央廣場時，眼前豁然開朗起來，一貫保持的緊張力，也就在那瞬間忽然鬆弛。當人們舒服地深呼吸公共空間的自由空氣時，最強烈地嘗得到都市生活的妙趣。相比之下，江戶城好比是造園家、景觀美化家的作品，乃人造的城市與周遭的自然融合而成的有機體。在這兒，人們感覺不到西方城市般明確的「緊張——放鬆」對立。

「對不起了，巴特先生」

位於武藏野台地尖端面向太平洋的江戶城堡以及後邊的武士階層居住地（山手），跟位於隅田川河口窪地的平民居住地（下町），呈現著一高一低的兩層面，導致江戶有無數條坡道，而幾乎每一條都有名字。其中，最普遍的就是「富士見坂」，乃站在坡道上面，看得見富士山的意思。另一個常有的坡道名爲「汐見坂」，則是看得見大海的意思了。陣內指出：調查明治維新（一八六八）前後畫的江戶城鳥瞰圖，構圖總是一樣：前邊有隅田川流進東京灣的繁華下町；中間有江戶城堡和樹木繁茂的山手；後面中間，則無例外地畫有富士山，其壯大的程度根本不成比例，顯然守護著整座城。富士山其實離市區往西有將近一百公里之遠。但是，在江戶人看來，他們的城市就在富士山根，因而特有福氣的。截然不同於要塞般的西方城市，江戶城是靠外面山水成立的。她的地標不在內部，而在外部。遠處的高山和腳下的海水，都是居民的心理生活中不可缺乏的因素。做爲城市，江戶的平衡點也不在中心，而在富士山和東京灣之間的引力線上。貫徹整個結構的原理，便是陣內秀信發現的「遠心力」。對不起，巴特先生，在遙遠的東洋，空虛會充實，重心也會偏頗的。

富士山是唯一基準

陣內的理論，並不是強辯。十七世紀初，當德川家康遷來江戶後，建設的第一條街道（本町通），就是以富士山爲基準的。本町通位於連接富士山和江戶城堡大手門的直線延續上。於是站在這條街上向西望，同時看得見城堡和富士山。後來，本町通和與其直交的日本橋通，做了整個下町地區進行城市規劃時候的座標軸。在這一點上，江戶不同於奈良、京都等根據中國古代思想，正確測量方位而建設的城市。她一點不在乎東南西北，只掛念著富士山。連當時的地圖都採用了同一套座標軸，上邊永遠是西邊，畫在中間的

「御城」兩個字，竟倒過來面向著富士山。在山手地區，一到坡道上就看得見富士山也不會是偶然的。雖說是三七七六米高的日本第一名山，除非刻意設計，不可能在遠離一百公里的江戶市中到處都有天然的展望台。明治維新後，江戶改名為東京。德川將軍開城投降；城堡成為天皇的住家。進入了二十世紀，經過二三年的大地震和四五年的大空襲，東京逐漸往西發展，越來越多人住西郊了。在這兒，從火車站通往住宅區的大馬路，也往往以富士山為基準。

靈峰不滅

譬如，我住的國立市，除了從北往南的主要大街「大學通」以外，有兩條斜行大街：往東南的「旭通」和往西南的「富士見通」。國立是二十世紀前半，模仿德國大學城市設計的文教地區。按道理，兩條斜行大街應該採用東西相對稱的角度。然而，「富士見通」就偏西，為的不外是直接面對富士山。其效果是驚人的，普普通通的郊區商店街前面，每逢晴天，就奇蹟般地出現極其巨大壯麗的富士山。大概是近景和遠景的比較所造成的錯覺，猶如夕陽會看起來特別大一樣，這樣望富士山顯得非常大，令人不能不敬畏。日本有animism(靈魂信仰)的傳統，大家下意識地相信萬物具有靈魂。富士山向來被當做靈峰，乃人們一看見就要合十崇拜的對象。這心理習慣，到現在都沒有變化。二〇〇〇年，東京文京區建設的十三層樓公寓，阻礙由荒川區日暮里富士見坂眺望靈峰的景觀。結果，該地區居民發起反對運動，蒐集了五千多人的簽名，要求市政府通過條例保護由富士見坂眺望靈峰的「景觀軸」。可見，江戶城開埠後四百年，東京人仍然保持著以富士山爲神聖基準的心理、地理觀點。

一百多座富士塚

東京人崇拜富士山，曾到過瘋狂的地步。以靈峰爲本尊的「富士講」，乃可追溯到十五世紀的民間信仰。到了十八世紀中，有人在富士山洞穴裡絕食而即身成佛，江戶人聽到這則消息後好興奮，紛紛組織登山隊到富士山進香去了。然而，爬高山畢竟不是人人都能做到的事情。一七七九年，當年「富士講」領導之一，江戶高田的花匠藤四郎，在市內建造了「富士塚」，也就是迷你富士山。他說：到高田富士參拜過，意義等同於登上了眞正的富士山。從此以後，江戶城的「富士講」信徒，開始爭先恐後地建造「富士塚」。低的才兩米左右，高的則到十多米，一般在寺院、神社後院裡。從遠處看，「富士塚」跟一般庭院裡的假山沒多大分別；可是，靠近看，從富士山運來的很多塊熔岩加強著氣氛，也造有登山路叫信徒經驗一下爬靈峰的感覺。到了七月一日，大夥還穿上白色服裝，隆重舉行跟富士山一樣的開山儀式。江戶人的「富士塚」熱，長期沒有退燒，輕鬆越過了明治維新的現代化。進入了二十世紀的昭和時代後，仍有人繼續建造新的「富士塚」。現在，光是東京都內就有一百多座「富士塚」。若包括周邊縣的，大概達兩百到三百座的了。當年花匠藤四郎建造的第一座高田富士，如今在早稻田大學九號館。鬧區新宿的花園神社有新宿富士；高級住宅區田園調布的淺間神社有多摩川富士。

被祝福的角度

我住的公寓，每一戶的客廳都面向西邊；每年春秋，一到下午就西曬得好熱。爲甚麼設計師偏偏要選擇這樣的角度？當然是爲了直面富士山。結果，一年裡大約兩百天，從客廳的落地窗戶清楚地望得到靈峰了。有個朋友，第一次來我家造訪時感嘆地說：「能享有這麼個風景，你們眞是被老天爺祝福著呢！」可見，在東京人的頭腦裡，富士山仍舊有宗教性的聯想。還有一個人，一發現陽台外邊的富士山，就不回到屋子裡來了。「我偶爾傍晚一個人坐中央線電車往西，就是爲了觀賞被夕陽照射的富士山。」當他終於回到客廳裡解釋時，在座的另一個朋友馬上說：「我曾在每個車站下車調查過，從哪個月台眺望富士山最棒。」在東京，簡直人人都是富士山迷。

有目共睹的「東京學」先達，小說家永井荷風（一八七九——一九五九），比眾人超前半世紀，一九三六年問世的東京散步記《日和下駄》裡，介紹江戶時代留下來的樹木、寺院、河流、小巷等以後，最後一章竟題爲「夕陽，附富士眺望」。對富士山的崇拜、敬畏、嚮往、愛護，從江戶到東京，在居民生活的各層面上一直忽隱忽現。注意到這條文化潮流，而與城市設計聯起來討論，就是《東京的空間人類學》一書的卓越功績。

時間旅行的幻覺

東京遺產第一名：火車站

《東京新聞》舉行的「東京遺產」讀者投票結果，第一名是東京火車站。第二名以下，有淺草地區、上野地區、東京塔、皇居、銀座地區等，大多爲著名老鬧區或者觀光地點。在頭五十名內，看不到其他火車站。可見，在東京人心目中，這個火車站多麼特別。

維多利亞時期的風格

東京火車站是日本的中央停車場。東海道、山陽、東北、長野、秋田、山形的各新幹線，均從這裡出發，連接首都與全國各城市。往新東京國際機場的成田 EXPRESS 快車、去迪士尼樂園的京葉線也以東京站爲起點。另外，日本最重要的通勤列車中央線快速，每幾分鐘有一班車離開第一、第二號月台，橫斷東京市區而往天狗守護的靈峰高尾山去。東京火車站由明治時

Tokyo Station Gallery

代的著名建築家辰野金吾設計，一九一四年十二月二十日落成，至今有九十年歷史。辰野採用了英國維多利亞時期建築風格：左右對稱的鋼骨三層樓，從北到南長達三三五米，總面積有六萬七千坪，主要材料爲八九〇萬塊紅磚頭，用白石頭加的裝飾猶如淑女禮服上的絲帶，看樣子壯大華麗。何況中間出口本來有八角形大屋頂，南北兩個出口則有拜占庭式圓頂，剛落成時候有人竟形容爲「宮廷一般」。這車站不僅漂亮而且結實，連一九二三年的關東大地震都毫無造成損害。可是，四五年的美軍空襲中，畢竟逃不了火燄。兩年後，基本修建完成；然而，南北兩個圓頂卻不再了。戰後，改建計畫幾次被提出來，每次都遭到了市民的強烈反對。日本各地的重要火車站大多都變成了沒有個性的現代化大樓，唯獨東京火車站一貫保留著二十世紀初的紅磚頭建築，古色古香又充滿泰西浪漫氣氛，實在令人捨不得。一九八七年日本泡沫經濟時期，政府各部門和JR鐵路公司攜手宣布將要拆掉老東京站，並且建造超高層大樓，引起了空前大的反響。包括建築家、作家、音樂家、演員等名人在內的「愛護紅磚頭東京站市民會」展開了大規模的反對運動；在短短半年內，來自全國各地的反對簽名超過了十萬。不僅是東京市民，而且其他地方居民都對這個火車站有特殊的關懷，因爲它代表東京，日本很多人都有個人化的回憶。有人在這兒送走了赴戰場的同學們；有人爲了買回家鄉過年的車票，在紅磚頭站房外露宿過兩夜。如果老車站被拆掉，大家的記憶和情感都會受重傷。關於那一次的改建計畫，總共一二三名國會議員加入反對運動，議會上幾次質問了負責官員。當時的首相也公開聲明不得輕易破壞老建築。東京站構成都市景觀，做爲首都地標的重要性，以此成了廣大日本人的共識，最後導致有關部門正式取消改建計畫了。後來，東京市政府和鐵路公司進一步決定，將復原車站最初時候的原貌，包括南北兩個出口上邊「宮廷一般」的拜占庭式圓頂。二〇〇三年四月，國家更指定紅磚頭東京火車站爲重要文化財。它當上「東京遺產」投票第一名，可以說有充分的理由。

三一七號房間，創作者的最愛

東京站是日本最大的火車站，是東京巨蛋棒球場的一倍半。在二十八個月台上，出發、到達的列車共有四八七四次。每天搭各線的乘客全加起來，竟超過兩百萬人。光講乘客人數，其實新宿車站多出一倍，新宿站是東京市民在日常生活中最常利用的火車站。每天早晨爲了上班、上課換車，白天辦事情，傍晚回家的路上相約朋友在附近吃飯、喝酒、購物、看戲等。東京站可不同，它屬於「非日常」。紅磚頭火車站是首都居民坐長途列車去外地時候的出發點，也是他們剛從鄉下來東京上學、工作之際，邁出了新生活第一步的難忘地點：重要性和故事性都無比大。難怪，很多作家以這兒爲背景寫了小說。其中最有名的大概是諾貝爾文學獎得主川端康成和推理小說大師松本清張了。川端的《女身》和松本的《點與線》中，關於東京火車站的描述相當多。其實，兩位文豪都有一段時間在車站內住過。是的，東京火車站可以住宿！所謂「紅磚頭車站」，指的是鐵路西邊面對皇居的「丸之內出口」站房；在一樓和地下，各有南、中央、北三個剪票處。（後來在東邊加添的「八重洲出口」面對著舊江戶平民區日本橋一帶，也同樣有六個剪票處。）由「丸之內南出口」一樓走出來，馬上注意到，票務廳頂棚呈著非常美麗的半球形，也就是原圓頂內側。然後，把視線慢慢往下，在牆壁上邊，會看到玻璃窗戶俯視著票務廳，乃屬於「東京STATION HOTEL」的。這家飯店僅比火車站晚一年開業，當初由高級西餐廳精養軒經營，有整整九十年歷史，今天還在營業中。雖然內部裝修了幾次，古典氣氛卻從未變過。大約佔有火車站大樓南一半的二及三樓部分，現在一共有五十八間客房和十一個宴會廳。川端康成曾長期逗留的是三樓「三一七」號房間，隔著玻璃窗戶，直接面對「丸之內南出口」剪票處。大部分旅客恐怕連想像都想像不到，有人從他們頭上偷看著；這簡直是合法窺探的設施，一本書卻說成「理想的潛藏處」。對小說家來說，這樣的設計，倒是極具刺激想像力的。歌德式推理小說家江戶川亂步、戀愛小說家森瑤子等，對「三一七」號房間情有獨鍾的作家向來不勝枚舉。一九五〇年代，川端在這兒書寫的《女身》本來連載於《朝日新聞》，後來東映公司拍成電影，由一代美女原節子飾主角。眾多影迷蜂擁而到東京 STATION HOTEL 來，一時場面混亂不堪。今天，東京 STATION HOTEL 仍然是很受歡迎的西式旅館，由日本全國慕名而來的文藝愛好者從未斷過。即使不住宿，到二樓咖啡廳或酒吧坐一會兒，保證感覺滿不俗。

有時間旅行的幻覺

另外，亦在紅磚頭大樓內，由「丸之內北出口」走出來，靠近「中央出口」的一部分，自從八八年，做爲「東京 STATION GALLERY」對外開放。買票進去，裡面設計特華麗，彷彿上世紀初的歐洲豪宅。上螺旋樓梯到二樓去，兩間展覽室的牆壁均爲經九十年歷史的原物紅磚頭。在稍暗的燈光下，

Tokyo Station Hotel

以古老建築物直接爲背景，鑑賞精選的繪畫或雕塑，實在是很特別的經驗。可以說，這畫廊本身就是傑出的藝術品。「東京遺産」投票中，有人推薦紅磚頭火車站而特地表明：「全東京，我最喜歡的美術館就是『東京 STATION GALLERY』。既安靜又有氣氛，讓人有『時間旅行』的幻覺，似乎能追逐到作品剛成立的時代去。」相信多數東京美術愛好者都會同意。

散步首選

東京火車站之所以是日本中央停車場，不僅因爲它是全國鐵路的起點，而且是爲天皇建設的緣故。「丸之內中央出口」旁邊，紅磚頭站房的正中央，有「閒人勿進」的小廣場式停車處，便是至今「皇室專用」的乘車處，裡面設有貴賓室。每次天皇家族坐火車去外地，都從這裡上車的。離開車站，直線距離四百五十米的地方就有廣大的皇居。東京藝術大學的前野嶢教授說：這條四百五十米的「行幸通」，兩端相對著紅磚頭火車站和綠油油的皇居，可稱爲首都東京的面孔，也是日本唯一的巴洛克空間。附近是全國第一個「美觀地區」，既沒有廣告牌子又把全部電線都埋在地底下，無疑是東京最乾淨漂亮的地區。走到「行幸通」終點，回頭看東京火車站，壯大而華麗的老建築顯得特別可愛。要跳望車站全景，這是最好的地點。往南看到東京塔，東北兩邊則有城河和皇居的森林，實在是値得推薦的散步路。紀念皇太子結婚而修建的和田倉噴水公園有西餐廳，能坐在裡面喝著下午茶，透過玻璃牆看到皇居外苑。沿著城河往北走一段就到大手門，乃皇居東御苑入口，可免費參觀（週一、週五休息）。原先的江戶城堡，過去一百多年則爲四代天皇的住所，果然是全東京風水最佳的地方。進去走走，或在樹蔭下、草坪上坐坐，都會非常舒服。

慰藉旅人心情的良藥

回到火車站去。十八萬平方米的迷宮，花半天遊覽也好玩。通往月台的車站大樓一層和地下層，總共有多少家商店，好像沒人知道。除了賣便當、飲料、東京土特產的眾多攤子以外，還有和中洋餐廳、麵包店、飯糰店、書店、CD店、理髮店、按摩店，甚至「無印良品」和「UNIQLO」的店鋪。趕忙要上車的人都會在一樓小跑步，若有時間的話，建議到相對清靜的地下層去看看。「八重洲中央地下出口」附近有個候車處，通稱「銀鈴廣場」。新開張的地道義大利式咖啡吧「ANGELO D'ARGENTO」就在旁邊。爬上高凳子喝杯 espresso，這兒是等人、看人的好地方。東京火車站跟其他火車站之間的最大區別，由我看來，在於它很會慰藉旅情。從義大利咖啡吧出來，隔家餐館，就有「WINE &DINE」商店，出售各國紅酒、乳酪、香腸、巧克力等。在這兒購買，帶回飯店房間開一人派對不亦樂乎。倘要買本地酒，請走回一樓，在「南北自由通路」邊，有專賣燒酎（日本白酒）的「AUTHORITY」，品種齊全。當地人選這火車站爲「東京遺產」第一名，自有多種理由。其中之一，無疑乃東京是各地人聚集生活的熔爐。大都會生活始終甩不掉一丁點旅情，即使對土生土長的本地人而言。那麼九十年如一日，穩坐在皇居正對面的紅磚頭老車站，多多少少爲東京居民起安心作用，也許不無道理。

川区

東京不是一個「地方」，而是一種「概念」

東京人與土包子

「報紙看朝日　書本非岩波書店出版的不可」

東京學泰斗川本三郎所說的三大古典之一，一九七八年文學評論家磯田光一問世的《做爲思想的東京——近代文學史論札記》，開頭就引用森茉莉的散文體小說《瘋狂瑪麗亞》中的敘述：「總的來說，淺草族是老東京，世田谷族則是土包子。他們幾乎滿天滿地充滿於世田谷、阿佐谷、杉並等舊郊區，無言中壓迫著瑪麗亞。這些老百姓是戰後才裝做東京人的原鄉下佬，爲勤勞與認眞而自豪的高等賤民；一點也不像淺草的菜商、魚商、裱糊匠等，只是爲了生活而打工，絕不會誇耀勤勞的。」文豪森鷗外之女茉莉，一九〇三年生於東京本鄉區，離帝國大學不遠的山手台地上；直到十六歲結婚，十九歲隨丈夫赴歐陸以前，她都一貫住在舊市區。回國後，經離婚再婚又離婚，三十八歲的茉莉到下町老鬧區淺草，租間房單獨生活過一段日子。鄰居是吧女、妓女、藝人、匠人等下層貧民，對淪落的山手老名媛很寬容、滿體貼，令她聯想到巴黎小公寓的居民來。反之，她戰後搬過去住的世田谷，乃原先的洋白菜園上蓋了簡便房子的新興住宅區；居民多是鄉下農民的兒女跑來東京穿上西裝做下層白領階級的。新開發區的風氣使自以爲是老東京的森茉莉受不了。她覺得土包子的生活方式不乾淨、品味差、沒有個性，簡直「連狗貓都不如」。她極力攻擊的「世田谷、阿佐谷、杉並」，如今是有目共睹的高級住宅區。即使在《瘋狂瑪麗亞》最初發表的一九七六年，居民當中不乏「報紙一定看《朝日》、書本一定看岩波書店、廣播電視則一定聽看NHK」的知識階層。何況「阿佐谷、杉並」是自從二十世紀初，文人集中居住的中央線文士村所在地，全東京波西米亞文化氣氛最濃厚的地區。關鍵在於「世田谷、阿佐谷、杉並」居民是從外地來東京要爬上社會梯子的新興勢力；淪落的老名媛森茉莉則屬於正在敗退的既得利益階層，一方面徹底瞧不起他們，另一方面本能地感覺到威脅。磯田光一把森茉莉的文章放在《做爲思想的東京》開頭，因爲她對「下町——淺草族」與「郊區——世田谷族」

的描寫很精采，生動地對照了「老東京」和「土包子」的生活態度以及價值觀念。

土眉土眼的土包子

繼承江戶平民文化的「下町——淺草族」很有都會人的瀟灑和老練：他們泰然自若，懂得享受，以逆來順受爲人生原則。相比之下，新興的「郊區——世田谷族」是野心勃勃的一群人：他們保留著貧窮農村的習俗，樸素認眞卻不懂幽默，講節約往往到吝嗇的程度。「郊區——世田谷族」之對於「下町——淺草族」，猶如美國人之對於歐洲人，雖然有粗野之嫌，但是始終精力旺盛得驚人不已。茉莉本人，實際上既不屬於前者，又不屬於後者。她出生長大的「山手——本鄉」爲明治政權的領導階級所住的地區。外地武士打下了德川幕府以後，翻身爲首都的主人，住進城堡西邊的台地上構成「山手——本鄉族」。「下町——淺草族」是本來在江戶城受將軍支配的平民，城堡換了主人以後，又受到「山手——本鄉族」的壓迫，非得以逆來順受爲原則過日子的。茉莉之在淺草貧民區感覺舒服，好比主人去傭人家受到款待，或者身在外地的遊客欣賞異國情調一般。「山手——本鄉族」是外來的侵略者，即使是森茉莉小時候，她家人一上街就遇到當地老百姓不友好的眼光。《瘋狂瑪麗亞》就說：從帽子舖店員到西餐廳夥計，一個一個地小看她偉大的父親，把他當做鄉下老頭子戲弄，逼他在無人的角落憤怒地喊出一聲「狗屎！」森鷗外是留過洋的高級軍醫兼著名文學家，然而畢竟不是老江戶，在「下町——淺草族」看來是土眉土眼的土包子。第二次世界大戰結束後，日本的權力結構又發生了根本性的變化。整個社會進入都市化、工商業化階段。這回「山手——本鄉族」菁英要被「郊區——世田谷族」群眾趕走了。上包子老頭的女兒森茉莉，被新勢力「郊區——世田谷族」圍繞的時候，拿出「下町——淺草族」跟他們做比較而進行批判，其實有點狐假虎威。那麼激烈地憎恨著世田谷的風氣，森茉莉卻老不搬走；從四十八歲直到八十四歲去世，總共住了三十六年。她度過童年的「山手——本鄉」早在美軍空襲中消

失，「下町——淺草」被破壞的程度更為徹底；跟多數東京災民一樣，戰後的茉莉也只好往西郊找生活空間。簡陋公寓的狹小破舊房間裡，晚年的茉莉老夢想遙遠的巴黎。

東京不是一個「地方」，而是一種「概念」——

《做為思想的東京》主要討論日本人眼裡的東京究竟是甚麼。作者說：東京不是一個「地方」，而是全國的「中心」，也是整個社會該進步的「方向」。正如森鷗外從石見國（現島根縣）津和野到首都來上學、做官、被派去德國留學，全國有為的年輕人幾乎無例外地希望先在東京培養實力，然後向廣大世界邁進、發達。小時候的森茉莉穿德國的衣服、吃法國的巧克力和英國的餅乾，因為西洋物品是統治階級的標誌。「山手——本鄉族」比「下町——淺草族」優越，由於在生活層面上更接近西洋。多年後回想二十世紀初的東京，茉莉也絕不忘記地強調，當年引進歐洲風俗多麼地道精采。她回憶中，倒很少出現對於老江戶文化的懷念。當東京變成不是一個「地方」，而是全國的「中心」、進步的「方向」時，它不再是一座城市，而是一種概念、意識型態。一代又一代的土包子野心勃勃來這裡，成功地翻身爲東京人以後，馬上被下一群土包子驅趕……。磯田光一指出：當外地出身的文學青年紛紛跑來東京形成幾個文士村的時候，東京出身的文學家如小林秀雄、永井龍男等反而對首都的變貌感到絕望，成群搬到古城鎌倉尋找「第二個故鄉」去了。

谷崎潤一郎否定東京的一切

在東京出身的小說家當中，對故鄉的愛憎最極端強烈的不外是谷崎潤一郎。他在一九三四年發表的散文〈思東京〉中，回憶十一年以前發生的關東大地震竟寫道：當時隻身在箱根溫泉區工作，一方面很擔心家人的安全，另一方面想像到東京徹底瓦解、化爲灰燼的樣子而不禁興奮，差一點就要鼓掌喝采來，因爲經過了一場破壞，醜陋的東京會改建成歐美一流城市一樣的近代化首都。一八八六年出生的谷崎潤一郎屬於鷗外和茉莉中間的世代。谷崎家祖先好幾代都在江戶城從商，他本人亦生長在市中心日本橋蠣殼町，可以說是名副其實的老江戶。他比森茉莉所說的「下町─淺草族」還要資深，因爲淺草本來不在市區內，而於農村人工建造的遊樂區。相比之下，日本橋是德川家康開江戶城時候，就劃爲平民居住的老地區，當年通往各地的五街道均以這裡爲起點，是全國中心。但是，潤一郎的父親跟不上時代的變化；谷崎家逐漸沒落。整個下町地區也失去早年繁華，鄰居親戚都分離四散。對他來說，明治東京的發展意味著故鄉江戶的蕭條、冷落。以逆來順受爲人生原則的老江戶，在弱肉強食的近代社會裡注定成爲失敗者，也不會因此而奮起。年輕的潤一郎看著乾焦急，惡狠狠地把自己家人稱爲「敗北的江戶兒」。他討厭「敗北的江戶兒」之程度，跟他憎恨外來侵略者「鄉下武士」之程度不相上下。結果，他否定了東京的一切，反而強烈地嚮往西洋。（跟

「鄉下武士」的女兒森茉莉不謀而合了；可見，做爲「地方」的東京是被當地人和外來人都否定的可憐兒。）

「燒吧，燒吧，全燒掉吧！」

大地震發生時，三十七歲的谷崎潤一郎住在橫濱從事電影製作，過著完全西化的日子：住洋房、穿西裝、吃西餐、開派對、跳交際舞、專門跟洋人打交道。他當年的審美觀在都會派嗜虐狂小說《癡人之愛》中充分表現出來。在箱根山上避難之際，他確信整座東京城正在燃燒中而自言自語道：「燒吧，燒吧，全燒掉吧，一塌糊塗的東京！除了泥濘、差馬路、亂套、險惡的人情外，一無所有的東京！」「一想像剛才那可怕的大震動一定給一切帶來了崩潰，而眾多的假模假式洋建築和寒磣價廉日本房子都痛痛快快地在燃燒，我心情實在爽快極了。我也想像：過十年，廢墟上會出現井井有條的大公路、亮堂堂的人行道、洪水般的車流、有幾何學美感的高樓大廈、地鐵、電車、繁華的不夜城，以及跟巴黎、紐約一樣的娛樂設施……」總而言之，他衷心希望原有的東京和居民都徹底消滅而變成歐美一般的城市與人民。實際上，地震帶來的破壞沒有谷崎潤一郎希望的那麼徹底，但也的確很厲害。他自己一時無法坐車往東到橫濱、東京，只好先上往西的火車去大阪，然後由神戶坐船回橫濱；地震的十天後，幸虧和家人重聚，馬上再搭船往神戶避難去了。講到谷崎潤一郎，大家首先想到的是長篇小說《細雪》、評論《陰翳禮讚》，或現譯《源氏物語》，均以傳統審美感為基礎的作品。本來熱中於西方摩登文化的老江戶谷崎潤一郎，地震後避難去關西，在京都、大阪、神戶等地定居下來了。他中年發現日本古老文化之美，尤其娶了大阪富家出身的太太以後，生活方式和作品風格都一百八十度改變過來了。他在〈思東京〉中寫，無論是伙食、房子、音樂，抑或女人，關西的都比東京的好。於是離開好多年，他一點也不懷念東京。但同時，又稍微傷感地寫：看京都、大阪的老房子覺得非常美，而忽然想起，其實他小時候的東京曾有過一樣風格的建築與街頭。晚年的谷崎潤一郎嫌京都的冬天冷，搬到氣候溫暖的靜岡縣熱海、湯河原等溫泉區生活。那裡離東京不遠，他偶爾帶年輕女傭一起坐火車去逛銀座大街，在老字號商店買東西，但是一定當天就回去。直到一九六五年去世，他都不肯住在「被鄉下武士糟蹋」的故鄉東京。

町兒啊，町兒

「谷根千」物語

東京有個地區叫「谷根千」，二十五年前沒人知道，現在只要是對文化稍感興趣的人則一定知道了。每到週末，好多遊客從日本各地到「谷根千」來，爲的是尋訪文學碑、寺廟、個人博物館、老字號商店，並津津有味地逛逛至今保留著老江戶氣味的小巷里弄，不無像北京頗流行的「胡同遊」。

東京文化心臟

「眞不可理解。這兒是極普通的住宅區，有甚麼値得看？」生於斯長於斯的老同學說。表面上看來極普通的住宅區，卻埋藏著豐富的歷史，二十世紀初曾做過東京文化心臟的。例如，她所住的「千駄木團子坂」是夏目漱石（一八六七——一九一六）小說《三四郎》的主人翁跟夢中情人去看「菊偶人」的地方；對面的圖書館則是文豪森鷗外（一八六二——一九二二）公館「觀潮樓」舊址，乃耽美派作家森茉莉（一九〇三——八七）的娘家；不遠處有漱石寫了《我是貓》的房子，鷗外都住過一段時間；「坡道」上邊是日本第一份女性主義雜誌《青鞜》，由平塚雷鳥（一八八六——一九七一）創刊的地點；詩人兼雕刻家高村光太郎（一八八三——一九五六）和畫家智慧子夫人過了藝術至上主義生活的畫室也就在附近，等等。對文學迷來說，簡直是個聖地。儘管如此，除非有人把這些歷史發掘出來又傳播出去，否則不會受到廣大社會的注目。

三個家庭婦，成功賣出了萬份的地區雜誌

「谷根千」其實是「谷中、根津、千駄木」三個地區的簡稱。一九八四年秋天，當地三少婦森檀、仰木寬美、山崎範子共同創辦了小型地區雜誌《谷中・根津・千駄木》季刊，乃「谷根千」於全國出名的開始。當時，三

個人都在養育幼兒。森和山崎婚前做過編輯，仰木（森的妹妹）則是音樂大學畢業的管風琴專家。育嬰時期，整天餵奶換尿布，跟社會隔絕起來，前職業婦女覺得生活不夠充實，於是乾脆自費出版了一份雜誌。她們一方面想結交街坊朋友，另一方面要調查記錄當地人共同的記憶。背著小娃娃的媽媽記者組就這樣成立了。訪問對象往往是已退休的老年人。他們很歡迎年輕鄰居帶小朋友來聊天，津津樂道當地舊事，其中不乏連專家都不知道的歷史插話。例如，森鷗外去世後六十餘年，附近還有不少老人記得小時候在街上碰見過的森爺爺。他們的回憶充滿生活感，跟傳記中的枯燥記述截然不同。三人幫的計畫成功了。只有八頁的創刊號以往年的〈團子坂菊偶人展覽會〉爲專題，印了一千冊。在谷中大圓寺的第一屆菊花節廟會上，跟菊酒一起出售，街坊的反應特別強烈，當天就賣了七百冊。剩下的三百冊也很快全賣光，後來重印好多次，總共賣了一萬四千冊。雜誌篇幅馬上增加到三十二頁，平均發行量爲大約一萬。公共浴池、和菓子店、酒店、豆腐店等的老字號專題做得很細，文人藝術家專題做得好深，不僅吸引當地讀者，而且通過

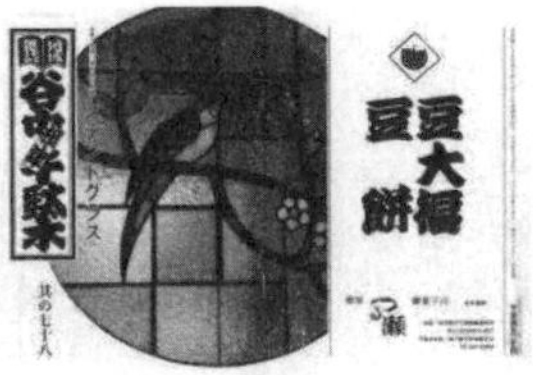

網站 http://www.yanesen.net

大眾媒體的報導被介紹到全國各地去。第二年，剛出了第五號，《谷中・根津・千駄木》就入選了NTT地區雜誌大獎。三人幫的活動從出版雜誌發展到「生活記錄會」、歷史建築保存運動等多方面。森檀撰寫《谷中速寫冊》、《神祕的根津》等專著出了名。同時，她們也不停地生下孩子。邊出版雜誌，邊養育了總共十個小孩的眞實故事，生動仔細地寫在森檀《小小雜誌做町兒》中（後來標題改爲「谷根千的冒險」，中譯有《東京媽媽町之夢——以雜誌營造社區新生命》遠流出版）。

三個地區，三個不同文化

日文所謂的「町」本來是田埂的意思；後來開始指「鎭」了。人們腦海裡的「町」不一定相同於行政區劃，說成「生活圈」更爲準確。三人幫辦起雜誌以前，「谷根千」不是一個「町」。谷中、根津、千駄木，歷來是地理上相互鄰接，卻擁有不同文化的三個地區。

谷中位於上野西北的台地上，自十七世紀中即為寺院集中的地方。江戶老百姓把掃墓、拜佛當做郊遊的好機會：春天賞櫻花，秋天看月亮，一年四季都有茶店女陪玩，其中笠森阿仙是大名鼎鼎的絕代美女。後來，曖昧茶店遭禁止，政府營造大墳地。說到谷中，東京人首先想到的都是墓地了。

根津則在台地下面的低地，乃藍染川（現為暗溝）邊洪水頻發的平民區。十八世紀初，德川幕府第五代將軍家宣建設根津神社，周遭逐漸發展為「遊廓」即花街柳巷。明治維新後，附近開了東京大學，學生們常光顧「遊廓」（醫學院畢業的森鷗外就在《性自傳》中吐露過嫖妓經驗）成了社會問題。一八八九年，「遊廓」被迫遷到東京灣填埋地洲崎。根津冷落多了，卻一貫保持著風流氣氛。

隔著藍染川面對谷中台地的千駄木，江戶時代是武士統治階級居住地，至今有不少豪宅。位於東京大學所在地本鄉、彌生的正北邊，近代文化界名

雜誌編輯 仰木（左）和山崎（右）

人很多都在這裡住過，似乎連空氣都含有書香。《谷中．根津．千駄木》三人幫中，森、仰木姐妹是千駄木牙科醫生的千金。中學時候，爲了改建房子，全家搬去谷中暫住過。小巷破公寓裡擠住，生活環境惡劣，導致家庭成員之間感情不睦。尤其大女兒和父親的關係降到最低點。森檀在一篇文章裡說，不知當時吃了多少次耳光。每逢此時，她都跑到台地上的古老寺廟或雕塑家朝倉文夫的私人博物館去看書。山崎範子長在北郊埼玉縣，從小喜愛文學，初中時候起，經常老遠到鷗外圖書館沉浸於文學氣氛之中。跟裝幀家結婚後搬來定居，可以說是徹頭徹尾的千駄木迷。三個千駄木少婦策劃地區雜誌的時候，地理上鄰近，文化上卻遙遠的谷中、根津都劃入對象範圍內，大概出於異「町」情調。她們也考慮過本鄉，但是因爲「那兒有獨立的文化，特別深，恐怕我們的力量不夠」（引自《小小雜誌做町兒》）而放棄了念頭。本來孤立的三個「町」連接起來，透過迷你雜誌向全國文化人傳播出去，引起的反響可不小。從千駄木台地上的文人故居出發，經過江戶遺風濃厚的根津「遊廓」舊址和充滿平民生活味的谷中銀座商店街，再上階梯到安靜的谷

鷗外紀念圖書館

中寺院街，對外地人來說，是富於變化的半日散步路程。對當地人來說，雜誌《谷中・根津・千駄木》帶來的啓發也很不小。即使對自己所住的地方，人們知道得往往很有限，何況對歷史、文化、階級都不一樣的鄰近區。谷中、根津的商人、匠人特別歡迎外來遊客增加。只有千駄木豪宅的部分居民架子大，嫌熱鬧。「谷根千」在日本全國出名，使多數居民感到驕傲。有了自尊感，就會珍惜古來的生活環境和文化傳統，地區活動也活潑起來。這整個過程，就是森檀書名中「做町兒」的意思了。

現實的殘酷之手

然而，現實究竟不是童話。現在回想，《谷中・根津・千駄木》一九八四年問世，似乎是三個年輕母親本能地察覺到危機將來的緣故。八五年，日本地價開始狂漲，一年內漲了五成，第二年又漲了一倍，很快就達到好幾倍，到普通人買不起房子的水準了。「谷根千」離東京中心區不遠，坐十分鐘的地鐵就能到達金融中心大手町。如此方便的地方還有很多木造平房，由房地產公司看來浪費至極。說是房地產公司，當年飛揚跋扈的炒地商，很多都有黑社會背景。他們跟銀行借錢，強迫小房主賣地。小筆土地湊成大塊土地後，他們馬上以幾倍價格轉賣出去。如果房主不答應，則馬上動員黑道兄弟來進行威脅：讓醉漢躺在門前、整日整夜製噪音、散發難聽的謠言、堵塞私家路等合法非法的手段，逼迫很多善良居民搬走了。本來很安靜的「谷根千」地區，放火、自殺案件也紛紛發生。居民走了，老房子沒了，到處都是空地，原有的社區徹底崩潰。但是，中央政府爲了擴大國內需求而鼓勵土地買賣；地方政府也爲防火著想而推動拆掉老房子。爲了保護居民的生活權利挺身而出的只有雜誌《谷中・根津・千駄木》等民間力量。八七年六月刊出的第十二號，以炒地熱爲封面專題。五年後的第三十一號，則做了總結。

只要有記憶，文化會一直生存下去

日本經濟的泡沫只維持了五年，到了九〇年就破裂了。後來，經過十餘年的經濟蕭條，地價慢慢回到了原來的水準，然而居民文化一旦消失後，永遠不會恢復。今天的「谷根千」，雖然有文學碑、老字號和紙店、可愛的木造教堂，但是令人印象最深刻的倒是貫穿整地區的不忍通兩邊，聳入雲霄的高樓大廈。從前鱗次櫛比的小商店全由十多層綜合大樓代替了。不忍通在谷中、千駄木兩個台地間的低地，兩邊蓋了一排大樓以後，下邊完全看不到陽光，整天都昏暗、颳大風。創刊二十周年以後，雜誌《谷中・根津・千駄木》還在以原貌繼續中。森檀這幾年忙於寫書、講課，她女兒大學畢業後加入編輯部，三人幫變成了四人幫。其他九個孩子還在讀書，每到雜誌出版日期，自動集合到辦公室來幫助發送運貨。仰木寬美說：「這二十年，我們的町兒完全變了。公共浴池、和菓子店、書店一家接一家地關門，方便店卻很多了。讀者也越來越老，當初六十幾歲的人，現在八十幾歲。有時候，收到已故讀者家人寄回整套雜誌來，令人感慨萬分。」作爲市民文化運動，《谷中·根津·千駄木》的成就有目共睹。然而，個人的力量很難抵抗時代的潮流。生於斯長於斯的老同學說：「沒有了小商店，買菜都得老遠開車去了。」町兒啊，町兒。不過，弱者的最終武器是記憶。只要我們記住，生活文化會生存下去。爲了這目的，迷你地區雜誌《谷中·根津·千駄木》，仍舊勇敢地發掘並記錄當地的市井歷史。

飯田橋
水道橋
御茶ノ水
神田

中央線，自殺線？

東京JR中央線之謎

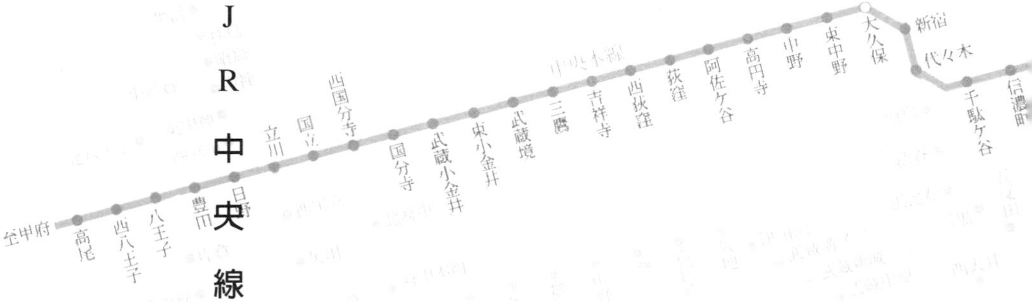

凡是對東京歷史有興趣的人，非看美籍日本文學專家Edward Seidensticker寫的《東京下町・山手》和《東京起來》兩本書不可。但是，書中一句話，叫我這個老東京非常吃驚。老日本通寫道：東京新宿以西是文化沙漠，既看不到傳統日本文化又找不到西方高級文化，除了酒和色以外，就是一無所有。拿新宿跟淺草、銀座等城東老鬧區做比較，他指出：傳統戲劇如歌舞伎、能樂劇場均位於首都東部；演出交響樂、芭蕾舞、歌劇的大戲院也全在東部。相比之下，新宿等原西郊雖然這些年身價百倍，但是畢竟沒有文化根基；聞名於世的歌舞伎町並沒有傳統戲劇演出，眞相爲全世界最下流墮落的紅燈區。Seidensticker的兩本書在一九八三年以及九二年問世。後來，新宿以西建設了西方高級文化之府幾所：例如，新國立劇場、TOKYO OPERA CITY、府中森藝術劇場等。然而，即使在一九八〇年代，恐怕大部分東京人不肯同意美國日本通的說法，因爲自從二十世紀初，東京的文化前衛始終在於新宿以西。從二〇年代的馬克思少年到六〇年代的學運激進派、反越民歌游擊隊，都以新宿爲根據地。八〇年代，到過新宿黃金街酒吧區的人應該還記得：推理小說家開的小舖子裡，現代詩人當媽媽桑，小劇場演員做吧女，客人多數爲文化界人士。花園神社的院子裡，唐十郎導演的狀況劇場搭起煽情的紅色帳篷來，演出了一系列好刺激的前衛戲。閉幕後，氣勢雄壯的年輕演員還跟敵對的小劇場成員在街上演出眞實武打來的。那種濃厚激烈的文化氣氛，淺草、銀座等老繁華區已經失去好久了。我並不是要說Seidensticker的觀察有錯，而是很驚訝地發現：彼此對文化的理解多麼不同。在一九二一年出生的文學專家看來，文化一詞指的是傳統戲劇、古典音樂等所謂高級文化。反之，對如今的日本人來說，文化的涵義廣泛得多了：推理小說、現代詩、小劇場、舞蹈、爵士樂、電影，甚至還包括漫畫、卡通片等次文化。從後者的立場來說，東京的文化中心就無疑在於新宿以西的中央線沿線。

文化沙漠還是文化原野

東京JR中央線以東京站爲起點，經過神田、御茶之水、四谷、新宿各站，横斷武藏野一直通往東京西端高尾，乃全程五十三・一公里的通勤鐵路。其中，新宿以西的中野、高圓寺、阿佐谷、荻窪、西荻窪、吉祥寺、三鷹車站附近，自從一九二三年的關東大地震之後，文化界人士開始集中居住而造成了獨特氣氛。當年，阿佐谷車站北邊有家中餐廳叫做「Pinocchio」，乃住在附近的文人經常聚會、吃喝、聊天、打牌、下象棋、鑑賞古董的地方。所謂阿佐谷會成員有小說家太宰治、井伏鱒二、伊藤整、龜井勝一郎、巖谷大四、臼井吉見等等當時的文壇紅人。日本近代文學史上最有名的三角戀之一，詩人中原中也和評論家小林秀雄跟長谷川泰子的愛情關係，也以這一帶爲背景。他們之所以選擇在中央線沿線居住，是新開發的郊區沒有舊市區般麻煩的規矩，反而社會氣氛很開放，對藝術家的生活方式也相當寬容的緣故。Seidensticker眼裡的文化沙漠，由追求自由的現代藝術家看來，倒是充滿可能性的文化原野。東京學泰斗川本三郎在《郊外的文學誌》一書中探討過日本近代文學裡的郊外形象。東京西部的武藏野，直到明治維新是德川將軍去打鷹的雜木林（因而有「三鷹」等地名）。進入近代以後，受了屠格涅夫、華茲華斯等西方作家思想的影響，日本知識階級開始把這塊野地森林當做洋氣、摩登的新時代邊境。小說家德富廬花赴俄國會見托爾斯泰以後，買下農場過田園生活的地方（現廬花公園），就在離新宿八公里的西南郊。普通人的家計沒那麼寬裕，至多希望能租到個紅屋頂小洋房（當時叫做「文化住宅」）經營中產階級小家庭生活；具體而言，就是院子裡養小狗、種花草，客廳裡聽女兒彈鋼琴。二十世紀前半，日本曾出現的三個文士村（阿佐谷、田端、馬烯），分別在於當年東京的西郊、北郊以及南郊。剛脫下和服而改穿西裝不久的日本人，天眞地以爲只要搬到無封建遺風的新開發區去，就能建設西方式摩登社會。後來，田端、馬烯的兩個文士村遭到太平洋戰爭末期的美軍空襲而消失。唯獨阿佐谷文士村沿著中央線擴大下來，逐漸發展爲東京數一數二的文化人地區了。比如說，除了神田神保町以外，舊書店最集中的是這一帶。光在高圓寺車站附近就有三十家，爲外地來的書迷、散步迷提供方便，竟發行「舊書店地圖」。市區外的小金井、國分寺、國立、立川等，今天都在離新宿四十分鐘以下的通勤範圍內。現在，狹義的中央線指的是，從中野到立川，於往年武藏野雜木林上，像尺子一般直線往西的二十四公里。一九六〇、七〇年代，流行過「中央線三寺」的說法；指的是高圓寺、吉祥寺、國分寺車站。這三個地區，在日本年輕人心目中，曾有過次文化首都的地位。高圓寺是民歌手、搖滾音樂家和印度迷的故鄉；吉祥寺是新紀元、環保運動的中心地；國分寺則有過嬉皮士、花孩子的公社。現在，雖然時代環境不一樣了，但是在全東京，保留對抗文化最有成就的還是中央線。例如，由吉祥寺車站往井之頭公園的一條路，集中著賣世界各地雜貨、服裝的商店以及民族食肆。井之頭可以說是日本文化人的中央公園；周遭有好多作家、漫畫家居住。至於如今席捲世界的日本卡通片製作，則以小金井、國分寺一帶爲基地。查看日本動畫協會成員公司名單，大約三分之二在中央線設有總部，包括宮崎駿的吉卜力工作室。出版社編輯很多都在沿線買公寓住，除了工作方便以外，大概喜歡特有的波西米亞氣氛的緣故。

中央線，自殺線

一九九四年，三善里沙子寫的《中央線的詛咒》問世，公然戲弄了自以爲是的中央線文化人。她本人在阿佐谷出生長大，卻上了城南涉谷的青山學院，結果注意到中央線很波西米亞的生活態度其實在整個東京算是例外。書名中的「詛咒」兩個字，主要指的是中央線生活方式不容易擺脫的癮頭兒。不過，她卻遊戲性地指出了沿線的宗教性設施相當多，也不缺乏歷史上發生過血腥事件的地點，如作家三島由紀夫起義失敗而切腹的市谷舊自衛隊基地、戰時首相近衛文磨自盡的公館荻外莊等。應屬偶然，這些年，跳下中央線軌道自殺喪命的人逐漸增多起來。到了二〇〇三年，平均每九天有一個人在新宿、高尾之間主動給列車撞死，每次影響到幾十萬人上下班。東京的鐵路非常多；包括JR和私鐵、地鐵，總共超過三十條。然而，要自殺的人偏偏選擇中央線而不會跳下其他線軌道，究竟是爲甚麼？日本思想史家，明治學院大學教授原武史發表的見解令大吃一驚。他說：中央線鐵路連接著國家元首天皇的生與死。他解釋道：中央線的起點和終點，分別爲東京站和高尾站。東京站是一九一四年，爲了當時的大正天皇坐火車去訪問各地而建設的中央停車場；本來只有面向皇居的丸之內出口，其中央至今是皇室專用的出入口，而東京站第一號和二號月台向來爲中央線專用。至於高尾站，則在大正天皇去世後被埋葬的多摩陵附近。一九二七年，爲了把棺材用中央線列車運輸過來而特地建築的新宿御苑臨時站房，後來遷到高尾站使用至今。一九八九年去世的昭和天皇裕仁被埋葬的武藏野陵也在車站北邊。另外，大正、昭和兩代皇后的墳墓都造在高尾山下，跟兩代天皇同一塊土地上。原武史說：按照日本神道的宇宙觀，世界分成「顯明界」和「幽冥界」，前者爲看得見的生前世界，後者則是看不見的死後世界；人死後，靈魂在於墳墓中。從東京站通往高尾的中央線，對天皇而言，是連接著「顯明界」和「幽冥界」

的。他也進一步說：當人們看見橙色的中央線列車疾馳時，說不定下意識想像自己的靈魂直接被運到「幽冥界」去，禁不起跳下軌道的。高尾車站月台上，有高達三米的「天狗」面具迎接來自東京的列車。「天狗」有大鼻子或烏鴉嘴，背後長著翅膀，乃日本傳說中擁有特異功能的妖術家，至今爲人們信仰之對象。眞言宗高尾山藥王院奠基於公元七四四年，原來以藥師如來爲本尊；中世紀以後，卻做爲「天狗」居住的靈山聞名於世。今天，坐纜車到山頂寺院，門外眾多的小商店出售大小不同，要麼紅臉大鼻子或者綠臉烏鴉嘴的「天狗」面具。據神話，當天孫神降臨日本之際，帶路的地神「猿田彥命」容貌魁偉、鼻長七尺、神通廣大；高尾山官方網站舉「猿田彥命」爲「天狗」起源之一（又說，印度神話中的巨鳥「迦樓羅」傳到日本以後變形爲「天狗」）。從這角度來看，天皇靈魂安息在「天狗」居住的高尾山腳的墳墓，好像合乎神話的邏輯。總之，東京的文化地層並不單純。由文學專家看來的文化沙漠，會是前衛藝術家的文化原野。對抗文化的首都中央線，往下挖一層，卻直接追溯到古代信仰以及建國神話去。

秋葉原的變貌

從電腦中心到OTAKU空間

二〇〇四年九月到十一月，在義大利威尼斯舉行的藝術雙年展國際建築部門中，日本館的展覽內容相當突出，受到注目。由三十三歲的建築史家森川嘉一郎策劃的展覽主題爲：「OTAKU：人格＝空間＝都市」；會場裡無論在牆上、地板上，還是屏幕上，到處充滿了天文數字的漫畫美少女笑容，猶如她們是多神教的偶像。

發現「御宅族」

森川嘉一郎在日本傳媒界第一次引起注意是二〇〇三年初，《趣都的誕生》問世的時候。書中他指出：位於東京中心區的秋葉原，正在進行重要變化，而大部分日本人根本沒有注意到。原先的電器一條街，進入了二十一世紀後，忽然變貌爲OTAKU一條街了。OTAKU（御宅族）是日本一九八〇年代中被發現的一個族群：熱中於漫畫、動畫、電腦遊戲，反而對運動、時裝等主流年輕人文化沒有興趣，性格普遍內向、交不到異性朋友，其中男生佔大多數。他們長期受社會歧視，一個原因是八九年在東京郊外發生的連續幼女綁架謀殺案凶嫌擁有典型的OTAKU形象：運動不足導致肥胖，臉色蒼白，頭髮亂蓬蓬。當時各平面媒體紛紛刊登了他房間的照片：狹小的空間裡，密密麻麻裝滿了六千盒錄影帶以及無數漫畫書，中間鋪的被褥旁邊有份色情雜誌。主流社會對OTAKU的印象就那麼固定了：他們避開現實，耽溺於虛擬空間，對成熟女人的懼怕憎恨壓抑在心底下，不知甚麼時候在幼女身上殘酷地爆發出來。尤其令人不安的是OTAKU的戀童癖。他們喜歡的漫畫、動畫、電腦遊戲，大多以美少女爲主角。說是美少女，看起來往往像才三、四歲的幼女：皮膚是草莓牛奶色，雙眼佔了面孔一半面積那麼巨大，只有乳房特別發達，性格也極其好色，內心渴望著暴力性行爲。

著迷不屬於人類的幼少女零件

普通日本人看OTAKU的眼光開始變化，大概跟美術家村上隆塑造的漫畫式美少女像在西方很受歡迎，收藏家願意以高價購買有關係。後來他和歐洲名牌LV合作，證明OTAKU趣味不僅在海外都有同好，而且能贏得高檔次消費者的支持。一有了商業價值，二被西方人肯定，日本媒體談論OTAKU的語氣非改變不可了。差不多同時，本來屬於OTAKU界的流行語傳播到主流社會來了。那是「萌（moe）」，表示對某一類漫畫幼少女特徵的喜愛，例如穿著西方式女僕制服、戴眼鏡、長著貓樣耳朵等。顯而易見，吸引OTAKU的不是整體的幼少女，而是幼少女的零件。更令人困惑的是，那些零件經常不屬於人類……。「萌（moe）」其實是「燃（moe）」的諧音，乃輸入電腦時候發生的文字更換錯誤；然而，「萌」字所含有的曖昧春意，跟強烈的「燃」字比起來，似乎更恰當地表現出OTAKU的心理、生理狀態，於是被賦予了新字義。《趣都的誕生》的副標題是「萌都市秋葉原」。森川指出：直到二十世紀末，曾做爲日本全國最大規模電腦中心的秋葉原，這幾年迅速變成了OTAKU的聖地。從前電器店、電腦店租賃的商業大樓，現在統統被漫畫店、電腦遊戲軟體店、公仔店等佔領。結果，從大樓屋頂上的廣告牌到秋葉原火車站的指示牌，到處都是性感幼少女圖畫了。彩頁收錄的幾頁照片具有衝擊力。本來屬於個人祕密的性愛妄想公然在街頭給擺出來。而且不同於新宿歌舞伎町等傳統紅燈區的色情產業廣告，這裡的黃色圖畫不是現實性行爲的代替物，而簡直是OTAKU的偶像。《美少女之現代史》的作者佐佐木原剛說：「說穿了，這些男生希望跟少女漫畫的登場人物做愛。」猶如歌迷、影迷嚮往明星，OTAKU對性感幼少女圖畫發情。評論家大塚英志在《「OTAKU」的精神史》一書裡指出：直到一九八〇年左右，日本的黃色漫畫普遍採用寫實主義，即模仿現實裸體的手法；叫讀者看著圖畫想像現實男女交往。後來流行的美少女漫畫倒走了完全不同的一條路——符號主義。

現實空間開始模仿電腦空間

符號主義本來是漫畫大師手塚治虫創始的：以各種符號構成登場人物的身體，並用不同的符號表現不同的心理狀態；例如，吃驚時候的眼睛一定滴溜圓。手塚作品裡隱蔽的情慾被後代的黃色漫畫家發現，導致了符號式色情幼少女的誕生。OTAKU對人物零件「萌」起來，就是他們對某種符號發情的意思。大塚也說，人類與非人類（動物、機器人、外星人等）自然來往的情節也是在手塚作品中常見的，後來被引用到黃色漫畫中去了。美少女被怪物強姦等場面，當初有對手塚作品進行模仿諷刺（parody）的意圖，後來倒成爲常規，如今氾濫在秋葉原街頭。秋葉原景觀轉變了。這轉變跟OTAKU的趣味直接有關。九〇年代的秋葉原曾是日本最大的電腦區，不僅有賣各廠商品，也經售二手電腦以及大小不同的各類零件。當年電腦迷當中，

OTAKU佔的比例相當高；他們喜歡漫畫、動畫，很早就開始在電腦上看影碟、玩遊戲，於是常來逛秋葉原。當個人電腦普及到飽和狀態，銷量開始下降之際，秋葉原有些商店被迫關門。那時候，爲OTAKU服務的其他行業搬進來，可說是自然的趨勢。所出售的東西，從當初的影碟、遊戲軟體等電腦周邊商品開始，逐漸擴大到漫畫書、同人雜誌、公仔、卡片等等去了。以前，鄉下的OTAKU來東京，除了到秋葉原買電腦用品外，還要去神田神保町的專門店買漫畫書，也要到幕張、有明的同人雜誌市場，算是OTAKU式巡禮。現在，OTAKU產業統統集中到秋葉原來；火車站附近的好幾棟商業大樓，從一樓到頂樓全都爲他們服務了。在OTAKU文化圈，現實空間已經開始模仿電腦空間了。首先在網路上出現的「趣味社區（community of interest）」在東京第一次越界到現實世界來的例子就是秋葉原。所以，森川把變貌後的秋葉原稱做了「趣都」。

「御宅族」是趣味而不是意識型態

在「趣都」，擁有同一趣味的人士，猶如在網路上 link 一般地互相聯繫，大家集合。同時，本來隱藏在電腦中的個人性志向，以商品形式出現於公眾面前了。今天在秋葉原逛街，感覺眞像在 OTAKU 的腦海中衝浪。森川嘉一郎由建築專家的眼光觀察秋葉原的變貌而發現：OTAKU 的集中不僅改變了街頭景色，而且對建築本身以及都市設計都開始有影響力了。《趣都的誕生》彩頁的幾張照片，拿秋葉原跟涉谷（主流青年鬧區）進行比較，一對照片比較兩個地區的年輕人群像：秋葉原的行人大多是肥胖難看的男性；涉谷街頭則充滿著身材苗條、打扮時髦的女性以及她們的男朋友。下一對則比較兩地區的商業大樓外觀：秋葉原的 OTAKU 商品大樓幾乎沒有窗戶，象徵著性格內向、拒絕外界、在人工光線下耽溺於虛擬世界的顧客層；涉谷的時裝大樓則連外牆都採用強化玻璃，越來越呈透明化，象徵著性格外向、把城市當做生活舞台的顧客層。最後一對比較兩個地區的商店外觀以及廣告牌子和海報的設計：秋葉原以紅白兩色（日本國旗的顏色）爲基調，廣告中出現的模特兒幾乎清一色是黃種人；涉谷卻以藍色（英美國旗的顏色）爲基調，廣告模特兒很多是白種人。OTAKU是趣味而不是意識型態，然而他們的國粹主義很明顯，政治上亦相當右傾。內向的國粹主義者產生並維護的次文化爲何受外國人的支持？這是令日本知識分子困惑的問題。不過，年輕人的OTAKU化似乎是全球性的現象；對平面圖畫的熱愛，由他們看來不是變態而是很酷的。

另類美感

日本國際交流基金會委託森川嘉一郎爲威尼斯藝術雙年展日本建築館做策劃，因爲這些年日本漫畫、動畫在西方很受注目，而森川是從建築角度研究OTAKU文化的第一把手。他在日本館裡再現了男女OTAKU的個人房間、幾十萬人在戶外聚集的同人雜誌市場、美少女圖畫彌漫的秋葉原街頭、大人玩具店鱗次櫛比的商業大樓內部等。另外，展覽板上，用毛筆字寫了幾個日本詞兒。除了「侘（wabi）」「寂（sabi）」等傳統茶道的審美觀念以外，還有純屬OTAKU的「萌」和「puni」「hetare」。「puni」形容嬰兒皮膚軟綿綿卻有彈性的質感；「hetare」則是對於軟弱少女性格、態度，表示愛護、讚美的立場。顯而易見，森川認爲OTAKU文化位於正統日本美術的延續上，本來被視爲消極的因素中，反過來發現另類美感；跟Hello Kitty一樣，美少女漫畫是二十一世紀的浮世繪。

未來是什麼？

我最近去了一趟秋葉原。第二次世界大戰結束後，由收音機零件黑市發展起來的電器一條街，在我小時候是中產階級的聖地。大家紛紛來這裡購買電冰箱、電視機、洗衣機、空調、音響組合、錄影機。那是人類的發展方向很明確的時代。當電腦剛出現的時候，我們對未來還充滿信心。然而，現在的世界似乎迷路了一般。研究OTAKU文化的學者齊聲說：如今「未來」的意象，只能往過去尋找了，因而parody變成常規。曾經代表「未來」的原子小金剛，今天倒爲懷舊的對象，而OTAKU看到半裸體的機器兒童，就不禁有色情的聯想……。只能說是特別「頹廢」，翻成日文則爲「退嬰」。若說OTAKU是超齡嬰兒，那麼沒有窗戶的商業大樓則是他們想要回去的子宮了。秋葉原街頭確實在展現人類從來沒見過的場面。但是，沒見過就等於「未來」嗎？我感到頭昏腦脹，趕緊離開了。

曾經美麗的水城

解讀東京大迷宮

「旁觀者清、當局者迷」的道理，也許特別適用於自己的故鄉。雖然我生長在東京，前後居住三十年，但是一直到最近，連最起碼的地理都沒有弄清楚。

這並不是說，我屬於「不會看地圖的女人」一族；對於曾經住過的外國城市如北京、多倫多、香港，我會輕鬆拿起鉛筆畫張略圖來的。然而，一談到故鄉東京，我能畫的地圖只有一種：「綠色環狀山手線，中間橫斷中央線（曾經人人皆知的淀橋相機店電視廣告歌詞）」，也就是，首都鐵道網最基本的構成要素。至於公路，連東京的主要大街究竟是哪一條，我都說不出來。

這確實很糟糕。然而，真正糟糕的事實是：像我這樣的東京人好多。例如，我父親。他也是生於斯長於斯的老東京，過去七十年，除了戰時避難以外，沒有到其他地方住過，而且過去四十年，幾乎天天都開車。可是，有一次，當我老公（大阪人）講到東京「城西地區」「城南地區」等之際，老爸一時目瞪口呆，全身都凍結了。顯然，他想都沒想過首都的東南西北，腦海裡沒有一張鳥瞰圖。我估計，他在街上開車時候的視界跟電腦駕駛遊戲一樣；只有眼前的一條路和不時出現的指示牌而已。

你以爲我們父女傻得不可救藥？但是，看過東京地圖以後，你也說不定同情我們居民了，因爲這個城市簡直是世界最大的蜘蛛網，無邊無際的九龍城塞，眞是茫無頭緒的。

怪不得，英文的東京導遊書說：日本首都好似狂人做的補綴品，馬路方向根本沒有合理的邏輯。另一本書說：東京是好多個村莊的集合體，徹底缺乏整體的規劃。

東京迷宮如何出現

幸虧，世上始終有腦袋眼睛清醒的旁觀者。美國著名的日本文學專家，哥倫比亞大學名譽教授 Edward Seidensticker 寫過《東京下町・山手 1867 —

1923》（LOW CITY, HIGH CITY：Tokyo from Edo to the Earthquake）和《東京起來》（TOKYO RISING）》兩本書，細談了東京這個世界最大的迷宮是如何出現的。

一九二一年出生的 Seidensticker 翻譯過好多部日本文學作品，如：紫式部《源氏物語》，川端康成《雪國》、《山音》，谷崎潤一郎《細雪》等等。一九六八年，當川端獲得諾貝爾文學獎之際，他也一起站在瑞典學院講台上，擔任了紀念演講「日本的美之於我」之翻譯。

他在美國海軍學校受了語言訓練，第二次世界大戰結束後不久，做為外交官來到日本，後來在東京大學從事文學研究。從一九四八年到現在，他經常長期住在東京，對於這座城市的源頭，比絕大部分當地人都熟悉。

書中，他首先點破：東京是舊江戶城的基礎，從一八六八年的明治維新後，逐漸發展成近代城市；然而，舊江戶遺留下來的社區以及文化傳統，幾乎全在一九二三年的關東大地震中化爲灰燼了。

精緻華麗的江户

從十八世紀到十九世紀，江戶曾是世界最大的城市；人口達到一百二十萬，比歐洲大都市倫敦多過二成。當年的江戶市區面積並不大，以城堡（現皇居）爲中心，僅在半徑二到三公里的範圍內。也就是說，今天山手線內部的大約三分之一；全東京都（包括島嶼）的一百分之一而已。

其中，武士統治階級居住的西南北三方台地（山手）佔八成，工商業平民住的東邊低地（下町）則才二成而已。那小小的地方，今天屬於中央區築地、銀座、日本橋等一帶，就是多達五十萬的江戶市民之故鄉。至於武士，其實大多是全國各地的諸侯帶到江戶來的地方人。

據 Seidensticker 研究，精緻華麗的江戶文化是下町平民所創造的，主要特點乃「戲劇性」。歌舞伎劇院和花街柳巷，不僅是當年人人都去的社交場所，而且是從舞蹈、音樂到繪畫、文學，各類崇高藝術的大本營。

經過明治維新的政變，德川將軍下台，各地諸侯紛紛帶武士回家鄉，一時新生東京的人口減少到五十萬。山手住宅區沒有了主人，竟變成了茶園、桑園。

可是，經新政府廢止身分制度後，從前給關在擁擠下町的工商業人士，只要有錢就可以搬去山手地區了。叫 Seidensticker 悲嘆不已的江戶文化之死，就是這個時候開始的。因爲有錢居民離開以後，下町文化只有衰退的一條路。

從政府機關、大企業、大學到火車站，任何近代化的跡象都在山手地區出現，下町則逐漸落後於時代了。最有象徵性的是東京火車站。建設在皇居和下町中間，卻長期只有往西面對新興商業地區丸之內的出口。下町居民能夠利用的東面八重洲出口，是多年以後才加添的。在這意義上，東京從一開始就不是江戶的繼承者，而是侵略者、破壞者。

江戶時代的下町，雖然很小，但是有規劃；以貫徹富士山和城堡大手門的日本橋本町通爲主軸，主要道路修得井井有條，猶如棋盤。然而，武士公館散布在武藏野雜樹林的山手則完全是另外一回事；這裡有一個莊園，那裡有一個莊園。如今外國人所說的「狂人補綴品」就是那些莊園的輪廓像布片般固定下來造成的。這是明治政府的新單位，很多都照原樣利用了舊武士公館的緣故。例如，加賀藩主前田家的宅第原封不動地變成了東京帝國大學。

美麗的水城消失了

一九二三年九月一日發生的關東大地震導致十萬人喪命。下町地區的火災特別嚴重，幾乎每一棟房子都給燒掉，多數倖存者只好離開故鄉搬去西郊了。涉谷、新宿、池袋等今日東京的繁華區，當時還都算郊區；到了一九三二年，才被劃入東京市內的。

西郊的發展標誌著東京的變質。

在舊江戶，人們最常用的交通工具是船。無論運輸貨物，還是去玩，大家都常坐小舟航行於江戶灣、隅田川、運河和城河。生意最興隆的酒樓區柳橋就在水邊；不僅顧客，藝妓和賣藝人也搭船往來；春天晚上賞櫻花，夏天夜裡看煙火，風流江戶人都以水面爲背景。

然而，西郊新興地區在內陸，均爲私營鐵路的起點站。涉谷是東急電鐵，新宿是小田急電鐵和京王電鐵，池袋是西武電鐵和東武電鐵的出發點。從此，東京市區開始沿著這些私鐵軌道，越來越往西往南發展下去。鐵路代替水路，成爲東京最重要的交通工具了。

至於首都東部的下町，大地震以後主要變成了工業地區，是農村來的藍領階級所住的地方。直到現在，稍微有錢有地位或者有文化有品味的東京人，一般都不會住在皇居的東北邊。這是人人皆知的事實，但也可以說是公開的祕密。由外國專家明說出來，倒有點衝擊性。

江戶時代留下來的各條水路，明治以後逐漸失去了重要性，最後絕命是一九四五年春天，第二次世界大戰末期東京大空襲的時候。整個市區成了一片瓦礫。爲了重新蓋房子住，人們把一切廢物倒進已經少被利用的水路裡去。曾經能跟威尼斯、蘇州比的美麗水城就這樣消失不再了。

研究東京歷史的人，常指出二十世紀的三次大破壞：二三年的大地震、四五年的大空襲，以及六四年的奧運會。

爲了迎接從世界各國來參觀奧運會的賓客，日本政府在東京——大阪間敷設了新幹線鐵路，也在首都中心區建造了高速公路網。早在四五年淪落爲垃圾場的水路，這時候給徹底埋掉，而爲高速公路橋墩提供了空地。

日本橋曾經是從江戶通往全國的所有「五街道」之出發點。現在，雖然橋梁仍在，但是高速公路蓋在上面，每天二十四小時不停地污辱著江戶遺產。

Seidensticker的第一本書和第二本書，給人的印象非常不同。寫到關東大地震的第一本充滿著對於江戶的珍愛、懷舊之念。描寫大地震到二十世紀末的第二本則充滿著憤怒、怨恨。他是受不了風流華麗的江戶被土氣醜陋的東京徹底糟蹋掉的。

我本人是在奧運會以後，土氣醜陋的東京長大的。有些觀點自然跟他不一樣。儘管如此，他的兩本書給我的啓發非常大。

我終於明白了，爲甚麼自己腦海裡的東京地圖上只有鐵路而沒有馬路。就是水城江戶衰退時，被鐵路王國東京凌駕的緣故。理所當然，誰也找不到這座城市的主要大街，除了蓋在水路墳墓上的一套高速公路以外。

充滿憤怒和怨恨的第二本書《東京起來》，令人印象最深刻的是開頭第一行。Seidensticker 寫：「東京都政廳終於到江戶外面去。」

一九九一年四月，首都行政機關離開靠近皇居的有樂町舊辦公大樓而搬進新宿西口的摩天大廈了。在江戶時代，新宿在市區大門之外，由老一輩人看來還算郊區（其實，我小時候，那兒還是小學生打棒球的空地）。

從一八六八年的明治維新起，有意識或無意識地進行的東京和江戶之訣別，這時候總算完成了。據我所知，當新都政廳落成之際，日本沒有人指出這一點。老日本通 Seidensticker 雖然有時不無偏激之嫌，但是關於東京發揮「旁觀者清」的優勢，卻無疑是第一把手了。

足立区
板橋区
北区
練馬区
荒川区
豊島区
台東区
中野区
文京区
杉並区
新宿区
千代田区
中央区
渋谷区
港区
世田谷区
目黒区
品川区

大家一起來灑水

熱帶化的東京

東京的天氣越來越熱，甚至有熱帶化的趨勢。本來只在日本南部九州、四國生息的長崎鳳蝶，現在悠悠飛揚於東京。原產中國西南部的奇異果（kiwi fruit）也在市內各處野生化。種種變化令人置疑這兒還屬溫帶地區。

每年創新紀錄的溫度

眾所周知，由於溫室效應，整個地球都在熱起來。過去一百年，世界各地的平均氣溫上升幅度爲〇．六度。相比之下，東京的熱帶化迅速而厲害得多；同一時期，平均氣溫竟上升了三度，也就是世界平均的五倍。在日本各大城市當中，東京加熱速度亦最爲突出。我小時候，即使在仲夏，東京氣溫也很少達到三十度的。這些年，只要不超過三十五度，就得謝天謝地了。這並不是我個人的主觀印象，而是氣象統計證明的客觀事實。一九七〇年代，東京氣溫的最高紀錄是三十六・三度；八〇年代的最高紀錄爲三十八・一度；九〇年代到了三十九・一度。進入二十一世紀後，幾乎每年都創造新紀錄，二〇〇四年已達到三十九・五度。恐怕沒幾年就會達到四十度了。再加上高濕度，七、八月的東京簡直就是天然三溫暖。更糟糕的是，最低氣溫上升的幅度比最高氣溫還要大。換句話說，到了晚上還很熱，一點也涼快不起來的。晚間最低氣溫超過二十五度的所謂「熱帶夜」，直到七〇年代，每年只有十五次左右；最近幾年，卻常有四十多次，顯然到達嚴重影響居民睡眠，會損害健康的地步了。過去的東京人，到了傍晚洗個澡，穿上木棉和服「浴衣」，打著扇子出去逛街逛廟會，釣金魚呀，吃刨冰呀，感覺滿涼快的。那種情景早已消失，因爲實在太熱了，大家只好躲在屋子裡開著冷氣看電視。然而，冷卻室內的空調設備，往戶外排出大量熱氣，使周遭溫度更上升，對環境的影響簡直就是暖氣機了。豈不是科技發達帶來的惡性循環！很多人說，東京熱帶化的頭號禍首是冷氣機，原因就在這裡。難怪不少東京人一到夏天就考慮往哪裡去避暑好。以往的目的地是北海道，或者輕井澤等內陸高原，現在卻有很多人飛到印尼、馬來西亞等赤道附近的南方島嶼去。他們回來以後異口同聲地說：「濕度低，颳海風，比東京好過多了。」

完全反常的氣候現象

從溫帶地區往熱帶森林去避暑，在幾十年以前是連想像都想像不到的事情。可是，現在，東京的「熱島（heat island）現象」非常嚴重。自從九○年代起，中暑被送到醫院去的人數直線增加。異常高溫度對老人、病人、幼兒等弱者，確實構成生命危害。所謂「熱島現象」指的是，大都會夏天出現局部氣溫特高的地方。在東京，商業設施集中的中心區為典型的「熱島」。高樓大廈的冷氣機排出的熱氣多，汽車廢氣也多，加上水泥公路和大樓的玻璃牆吸收輻射仲夏的陽光熱氣，結果呈現人工的灼熱地獄。這些「熱島」的氣候特狂暴，好比上帝對人類發怒似的。從九○年代起，東京的夏天也常下驟雨。到了傍晚，天忽然轉黑，開始下好大的陣雨。往往是地區性，然而雨量特別多，在地表被水泥覆蓋的大都會，容易造成水災，有一次竟淹沒了涉谷站前地下街。這是對從前的東京完全陌生的氣候現象，令人進一步確信這座城市正在熱帶化。東京熱帶化是過度工業化、都市化帶來的人災。人類文明對抗大自然而受到懲罰的模式，到處可見。中心商業區高層化的結果，大廈和大廈之間出現了完全人工化的環境；沒有樹木，沒有草地，只有水泥大樓和老堵塞的汽車。這就是臭名昭著的「街道峽谷（street canyon）」。一到酷熱的夏天，東京「街道峽谷」的氣象環境比美國西部的沙漠還要苛刻恐怖，差一點就會燒死人的。東京市政府對於「熱島現象」進行研究而發現，根本原因有三個：地表人工化、綠地水面減少、人工排熱增加。

「東京長城」阻礙了涼風

東京市區的地表，被建築物和柏油路覆蓋的比率目前達到百分之八十。綠地水面減少的速度也特快，光是九〇年代的五年裡消失的面積就相當於日比谷公園（東京中央公園）的十七倍。人工排熱增加則歸咎於能源消費增加。過去三十年的消費量上升幅度爲驚人的百分之八十五。爲了阻止首都熱帶化，市政府已推行各種對策，如大樓屋頂綠化等。然而，破壞進行的規模更大。進入二十一世紀以後，東京灣西岸的汐留、品川等地，紛紛出現了新的商業區。尤其在前者，廣告大王電通的總部大樓（二一〇米高）、日本電視台塔（一九二米高）等，高度超過一百米的大廈蓋了好幾棟，等同於灣區忽然出現了海拔一百到二百米的人工山脈。結果，本來從海面上吹來的涼風，全被遮擋了。在汐留北邊的新橋地區，平均氣溫竟提高了四度，對廣大內地的影響則仍待分析。專家把灣區大廈群命名爲「東京長城（Tokyo Wall）」。它並不抵禦敵人的攻擊，卻阻礙令人舒服的海風往陸地吹進來。「東京長城」造成的災難，一般人都能直覺地理解到。建築設計師沒有事先好好做研究，責任特別大。對於居住環境惡化，東京市民並不是袖手旁觀的。有個非營利團體叫做灑水科學研究所（www.uchimizu.jp/eng.html），這幾年推動夏天酷熱的日子裡大家一起灑水解暑的活動。「大江戶灑水大作戰」

呼籲市民，夏季晴日的午後，往地面灑洗澡用過的廢水或雨水等，以圖使周遭氣溫下降。據實驗，大量灑水的效果確實不小，氣溫眞下逄了兩度左右。該團體認爲，如果能透過灑水活動使氣溫下降兩度，那麼等於克服了東京的熱帶化。其實，直到一九七〇年代，每天早上和傍晚兩次，東京老百姓都在院子裡和家門外灑水的，爲了不起灰塵，也是爲了乘涼。當年的夏天雖然也很熱，但是戶外有泥土，種著牽牛花、向日葵，窗邊掛的風鈴叮鈴叮鈴響，水缸裡的金魚泰然自若，水井裡有冰涼的西瓜。姥姥往金屬盆裡裝滿井水，讓小孩子們在外頭洗澡。擦乾了身體，到處撲爽身粉，感覺好爽快，不亦樂乎。相比之下，今天在高樓公寓過的日子，實在沒有情趣了。戶外是酷熱的水泥陽台，空調室外機整天嗡嗡轉著，根本聞不到泥土的氣味，也聽不到風鈴的聲音。開著冷氣的房間裡，吃起冰箱的西瓜，果然乏味得很。東京熱帶化是現代化的後果。「熱島現象」的三個原因，地表人工化、綠地水面減少、人工排熱增加，就是過去一百多年的東京人拚命追求的生活方式。泥土上修了柏油馬路，塡埋田地蓋了水泥大廈，花錢買冷氣機裝在每個房間整天開的結果，東京成了不是人住的地方。現在，「東京長城」出現，人們忽然發覺，原來颳風是多麼難得的現象。堵塞了風道，東京會變成烤箱的。

找回生活智慧

直到十九世紀，這座城市曾有城壕、運河、小河等四通八達的水道，同時爲自然的涼風通路。當時，夏天去水邊乘涼是很正常的活動。然而，隨著近代化，水路被鐵路和馬路代替，大部分水道要麼被填埋或者成暗溝，城市裡的涼風通路越來越少。爲納涼，市民非得到遠方避暑地不可了。「東京長城」之下的汐留，曾是一八七二年開通的日本第一條鐵路之起點站，也就是近代化的旗艦。從這兒，火車沿著海岸一直到開放港口橫濱去了。一百三十年以後，在車站舊址上蓋的大樓群阻擋涼快海風，使東京居民難受至極，與其說是諷刺的巧合，倒不如說是邏輯上當然的歸結，因果報應了。參加「大江戶灑水大作戰」的市民，很多穿著浴衣、木屐，打著扇子，主張恢復傳統的生活方式。跟大集團的財富比起來，連政府的對策起的作用都很有限，至於個人的力量更是小得可憐了。但是，整個社會的價值觀轉變，也只好由個人開始。盡量少開空調，往水泥陽台灑水，在花盆裡養牽牛花，窗邊掛起風鈴，給小孩洗冷水浴等等，找回祖父母一代的生活智慧，至少是我們該做到的。總之，比開著冷氣機慢慢燒死自己強一點！

國家圖書館出版品預行編目資料

東京上流／新井一二三著；－－初版.－－臺北市：
大田，民94
面；　公分.－－（美麗田；086）
ISBN 957-455-878-9(平裝)

731.726　　94009712

美麗田 086

東京上流

作者：新井一二三
發行人：吳怡芬
出版者：大田出版有限公司
台北市106羅斯福路二段95號4樓之3
E-mail:titan3@ms22.hinet.net
http://www.titan3.com.tw
編輯部專線（02）23696315
傳真（02）23691275
【如果您對本書或本出版公司有任何意見，歡迎來電】
行政院新聞局版台業字第397號
法律顧問：甘龍強律師

總編輯：莊培園
主編：蔡鳳儀
企劃統籌：胡弘一
校對：陳佩伶/耿立予/余素維/新井一二三

印刷：耀隆印刷事業股份有限公司
初版：二○○五年（民94）九月三十日
定價：200元

總經銷：知己圖書股份有限公司
（台北公司）台北市106羅斯福路二段95號4樓之3
TEL:(02)23672044 · 23672047　FAX:(02)23635741
郵政劃撥：15060393
（台中公司）台中市407工業30路1號
TEL:(04)23595819　FAX:(04)23595493

國際書碼：ISBN 957-455-878-9/ CIP:731.726 / 94009712
Printed in Taiwan

廣告回郵
北區郵政管理局登記證北台字1764號
免貼郵票

＊請沿虛線剪下，對摺裝訂寄回，謝謝！

大田出版有限公司　編輯部收

地址：台北市106羅斯福路二段95號4樓之3

電話：（02）23696315-6　傳真：（02）23691275

E-mail ： titan3@ms22.hinet.net

地址：……………………………………

姓名：……………………………………

TITAN

大田出版

智 慧 與 美 麗 的 許 諾 之 地

*請沿虛線剪下，對摺裝訂寄回，謝謝！

閱讀是享樂的原貌，閱讀是隨時隨地可以展開的精神冒險。

因爲你發現了這本書，所以你閱讀了。我們相信你，肯定有許多想法、感受！

讀 者 回 函

你可能是各種年齡、各種職業、各種學校、各種收入的代表，
這些社會身分雖然不重要，但是，我們希望在下一本書中也能找到你。

名字／＿＿＿＿＿＿＿＿ **性別／**□女 □男 **出生／**＿＿＿年＿＿＿月＿＿＿日

教育程度／＿＿＿＿＿＿＿＿＿＿＿＿

職業：□ 學生 □ 教師 □ 內勤職員 □ 家庭主婦
□ SOHO族 □ 企業主管 □ 服務業 □ 製造業
□ 醫藥護理 □ 軍警 □ 資訊業 □ 銷售業務
□ 其他＿＿＿＿＿＿＿＿

E-mail/＿＿＿＿＿＿＿＿＿＿＿＿＿＿＿＿電話/＿＿＿＿＿＿＿＿＿

聯絡地址：＿＿＿＿＿＿＿＿＿＿＿＿＿＿＿＿＿＿＿＿＿＿＿＿

你如何發現這本書的？ **書名：東京上流**

□書店閒逛時＿＿＿＿＿書店 □不小心翻到報紙廣告（哪一份報？）＿＿＿＿＿＿

□朋友的男朋友（女朋友）灑狗血推薦 □聽到DJ在介紹＿＿＿＿＿＿＿＿＿＿

□其他各種可能性，是編輯沒想到的＿＿＿＿＿＿＿＿＿＿＿＿＿＿＿＿

你或許常常愛上新的咖啡廣告、新的偶像明星、新的衣服、新的香水……
但是，你怎麼愛上一本新書的？

□我覺得還滿便宜的啦！ □我被內容感動 □我對本書作者的作品有蒐集癖
□我最喜歡有贈品的書 □老實講「貴出版社」的整體包裝還滿 High 的 □以上皆非 □可能還有其他說法，請告訴我們你的說法

＿＿＿＿＿＿＿＿＿＿＿＿＿＿＿＿＿＿＿＿＿＿＿＿＿＿＿＿＿＿＿＿

你一定有不同凡響的閱讀嗜好，請告訴我們：

□ 哲學 □ 心理學 □ 宗教 □ 自然生態 □ 流行趨勢 □ 醫療保健
□ 財經企管 □ 史地 □ 傳記 □ 文學 □ 散文 □ 原住民
□ 小說 □ 親子叢書 □ 休閒旅遊□ 其他＿＿＿＿＿＿＿＿＿＿

一切的對談，都希望能夠彼此了解，否則溝通便無意義。
當然，如果你不把意見寄回來，我們也沒「轍」！
但是，都已經這樣掏心掏肺了，你還在猶豫什麼呢？
請說出對本書的其他意見：

大田出版有限公司編輯部 感謝您！